KB250699

Free

초보자를 위한 **무료 폰트** 활용 가이드

font

안창현 지음

Free
초보자를 위한 **무료 폰트** 활용 가이드
font

**초판 발행** 2015년 2월 9일
**지은이** 안창현

**펴낸이** 안창현 **펴낸곳** 코드미디어
**북 디자인** Micky Ahn **교정 교열** 최윤성
**등록** 2001년 3월 7일
**등록번호** 제 25100-2001-5호
**주소** 서울시 은평구 갈현1동 419-19 1층
**전화** 02-6326-1402 **팩스** 02-388-1302
**전자우편** codmedia@codmedia.com

ISBN 979-11-86104-08-8  13000

정가 14,000원

이 도서는 Kopub, 나눔글꼴, 본고딕, Legent Gothic 폰트로 제작하였습니다.

# 나는 콘텐츠닷!

글 | 안창현

폰트는 알면 알수록 가까우면서도 멀게만 느껴진다.
오랜 역사가 묻어 있고
개발자의 숨소리가 담겨 있어서가 아닐까 생각한다.
벌써 15년을 함께 해왔지만
이제야 폰트의 존귀함을 새삼 느끼고 있다.

이 도서는 이러한 느낌을
느낄 수 있는 계기를 마련하고자 기획했다.

불필요한 내용을 배제하고 꼭 알아두어야 할
내용만 정리하였다.
그리고 상업용으로 자유롭게 사용할 수 있는 무료 폰트
위주로 다루어 폰트의 활용도를 높이도록 하였다.

무료 폰트를 이용하면서 폰트의 중요함을 일깨웠으면 좋겠다.
그리고 유료 폰트를 이용하여
다른 언어에 비해 개발하기 어려운 한글의 폰트 개발에
활력소가 되었으면 한다.

끝으로
한글을 폰트로 개발하기 위해서 노력해오신 분들과
그리고 현재도 아름다운 한글 폰트를 위해서
노력하고 계신 분들에게 감사의 말씀을 드린다.

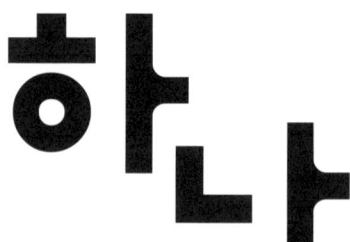

**무료 폰트** 산돌- 한글아씨 테트리스

## *font* ADVICE

무료 폰트 윤디자인- 민준

# *font* **BASIC**

**무료 폰트** 산돌– 한글아씨 크로키

*font* **STYLE**

넷
font FACE

무료 폰트 배달의 민족- 한나체

한글은 19개의 자음과 21개의 모음을 초성, 중성, 종성으로 조합하여 구성하는 과학적인 문자입니다. 자모음을 조합하면 최대 11,172자의 글자를 만들 수 있습니다.

001

font ADVICE

# 01 기본 폰트를 애용하자!

예쁜 타이포라고 하면 화려한 폰트와 색상부터 생각하겠지만 무엇보다 중요한 것은 글자가 전달하고자 하는 의미를 잘 살려야 한다는 것이다. 글꼴은 이미지와 다르게 텍스트를 통해 시각적으로 의미를 전달하는 기능이 있기 때문이다.

강단에 있다 보면 예쁜 타이포를 예쁜 글꼴 사용으로 잘못 이해하는 학생들이 많다. 학생들에게 눈을 감고 잘 만들어진 홈페이지나 광고에 사용했던 글꼴을 떠올린 다음 머릿속에 떠올린 디자인을 찾아보라고 해보면 멋진 폰트가 사용되었다고 생각했던 타이포에 오히려 평범한 폰트가 사용되어 있음을 알고는 놀라곤 한다. 멋진 타이포 디자인에는 의외로 흔히 사용하는 글꼴이 많이 사용되고 있다는 사실을 잘 알아두어야 한다. 독특한 글꼴은 보는 사람들에게 거리감을 줄 수 있기 때문에 흔히 사용하는 명조 또는 고딕체에 속성을 변경하거나 형태를 조금 변형해서 사용하는 경우가 많다. 개성 있는 폰트는 잘못 사용하면 오히려 안 좋은 영향을 끼칠 수 있기 때문에 이용할 때 주의가 요구된다.

타이포 디자인을 처음 시작할 때는 개성 있는 폰트는 사용하지 말자. 일반적인 명조와 고딕체 폰트를 이용하여 충분히 연습해서 폰트작업에 익숙해진 후 개성 있는 폰트를 이용하는 것이 잘못된 습관을 줄이는 방법이다.

**2014**
**59**
문파대표시선

그래도
삶은
아름답다

2013 현대인이 꼭 읽어야 할
**문파대표**
시
선집

2013 현대인이 꼭 읽어야 할 문파대표 시선집

수필인의 수필집 │ 제 13 회 수필의 날

**경주, 신라의 꽃**

감나무가 있는
풍경

마흔다섯 개의
느낌표

씨
앗
지연희 수필집

창시문학
열일곱 번째 이야기

농부는 가을을
기다립니다

# 블랙으로부터 시작하자!

타이포 디자인을 할 때 폰트를 선택하고 속성을 변경하고 폰트 색상까지 함께 작업하면서 설정하는 경우가 많다. 폰트 작업을 할 때는 먼저 잘 어울리는 폰트를 선별하자. 명조가 어울리는지 고딕이 어울리는지 선택하고, 바른 폰트가 좋을지, 개성 있는 폰트가 어울릴지 생각해본다. 이때 넥서스폰트와 같이 폰트 모양을 미리 확인할 수 있는 프로그램을 이용하면 작업 시간을 줄일 수 있을 것이다. 결정했다면 글자 크기, 장평, 자간 등을 설정한다. 이 과정까지 글꼴의 색은 선택하지 않도록 한다. 글꼴이 선택되지 않은 상태에서 색상 선별을 같이 하면 집중력이 떨어지기 쉽기 때문이다. 폰트 작업을 모두 마무리한 후 폰트 색상을 지정하면 보다 효율적으로 작업을 할 수 있을 것이다.

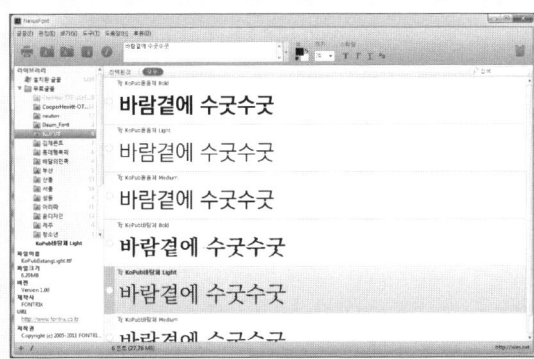

▼

▼

# 모니터를 믿지 말자!

인쇄물 작업시 전체 캔버스에 입력한 글자의 크기가 적당한지 확인하는 작업을 모니터를 통해 보이는 화면에 의존하면 안된다. 모니터에서 보이는 모습이 실제 크기보다 더 작게 보이는 경향이 있기 때문이다. 초보자들이 작업한 결과물을 보면 글자 크기가 큰 이유도 이러한 이유가 아닐까 생각한다. 많은 경험을 통해 모니터에 보이는 화면을 통해서도 대략적인 글자 크기를 판단할 수 있지만, 처음에는 작업물을 수시로 프린팅을 해보면서 글자 크기의 감을 익히도록 한다.

글자 크기가 적당한지 알아보는 손쉬운 방법도 있다. 전체 캔버스 크기에서 글자가 차지하는 영역을 비율로 따져본다. 이미 만들어진 결과물 중 비슷한 크기로 제작한 결과물을 찾아 보면서 글자 크기가 적당한지 체크한다. 많이 연습하다보면 비율만 보고도 글자 크기가 적당한지 판단할 수 있을 것이다.

▲ 글자의 가로 영역이 전체 크기의 1/5정도 차지. 전체 크기와 비슷한 크기의 결과
물을 참조하여 글자가 차지하는 실제 크기를 유추합니다.

## 04
# 모방하자!

텍스트 편집은 쉬워 보이지만 막상 작업하다보면 폰트 종류와 속성, 글자 간격이나 줄 간격 등의 환경 설정을 어떻게 해야 할지 난감할 것이다. 그러므로 처음 텍스트 편집을 할 때는 잘 만들어진 작업물을 모방하는 연습을 하자. 잘 만들어진 작업물을 스캔하거나 캡처하여 이미지로 만든 다음 포토샵이나 일러스트레이터에 불러 온다. 그런 다음 이미지 위에 똑같이 텍스트를 앉히자. 폰트 종류가 무엇인지 잘 모른다면 비슷한 폰트를 선택해도 좋다. 똑같이 연습을 하다가 어느 정도 익숙해지면 조금씩 변형해보면서 자신만의 스타일을 개발해보도록 하자. 이렇게 연습하다보면 텍스트 편집 실력이 향상되는 것을 느낄 수 있을 것이다.

가장 안 좋은 연습 습관은 기본이 부족한 상태에서 나만의 스타일대로 작업하는 것이다. 디자인이란 정답이 없기 때문에 개성 있는 디자인도 좋은 결과를 얻을 수 있지만 실력 향상을 기대하기 어렵다. 그러므로 처음에는 기본을 충실하게 다지고, 익숙해진 후에 나만의 개성 있는 스타일을 찾아가는 것이 좋다.

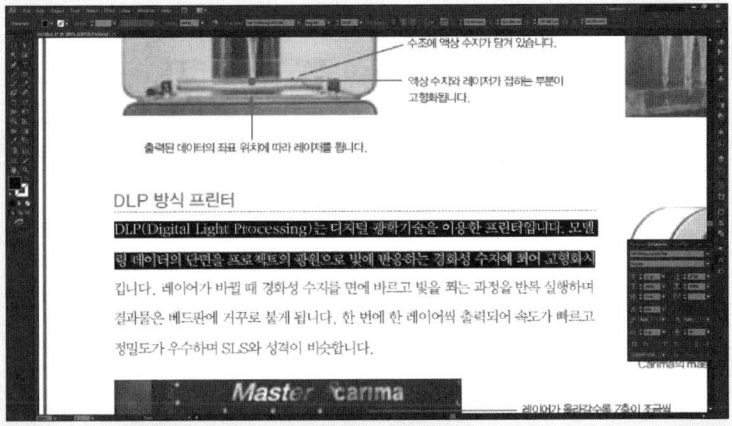

수조에 액상 수지가 담겨 있습니다.

액상 수지와 레이저가 접하는 부분이
고형화됩니다.

출력된 데이터의 좌표 위치에 따라 레이저를 쬡니다.

## DLP 방식 프린터

DLP(Digital Light Processing)는 디지털 광학기술을 이용한 프린터입니다. 모델
링 데이터의 단면을 프로젝트의 광원으로 빛에 반응하는 경화성 수지에 쬐어 고형화시
킵니다. 레이어가 바뀔 때 경화성 수지를 면에 바르고 빛을 쬐는 과정을 반복 실행하며
결과물은 베드판에 거꾸로 붙게 됩니다. 한 번에 한 레이어씩 출력되어 속도가 빠르고
정밀도가 우수하며 SLS와 성격이 비슷합니다.

레이어가 올라갈수록 Z축이 조금씩

▲ 포토샵, 일러스트레이터 등 프로그램을 연 후 연습할 작업물을 바닥에 깔고 그 위에 글자를 입력해서 원
본과 동일하게 만들어 봅니다.

# 05

## **리듬**을 타자!

명조체로 설정된 글자가 빼꼭히 채워져 있는 텍스트에 고딕체의 글자가 포함되어 있다면 굳이 독특한 폰트를 이용하지 않아도 고딕체의 글이 눈에 확연히 들어 올 것이다.

폰트의 종류를 바꾸는 것 이외에도 폰트의 두께의 변화, 색상, 크기의 변화 또는 기울기 등으로 다채롭게 표현할 수 있다. 예를 들어 헤드라인 텍스트에 흔히 사용하는 획이 두꺼운 고딕체만 이용한다면 눈에는 잘 띄겠지만 밋밋한 디자인으로 남을 것이다. 여기에 일부의 글자만 획의 두께를 조금 얇게 만들어서 변화를 준다면 보다 리듬 있는 디자인을 만들 수 있을 것이다. 이와 같이 변화를 통해 텍스트를 재미있게 꾸밀 수 있다. 리듬에 익숙해지면 나만의 다양한 변화를 시도해 보는 것도 좋을 것이다.

김 수 자 시 조 시 화 집

{새롭다, 오늘}

▲ 글자 정렬 변화

낮ㅅ
얼굴

▲ 글자 좌우대칭 변화

듣고
있나요

바람의 작은 집

▲ 장평 변화

누구나 한 번쯤은 감성 사진
리 몸
델 꿈
하 꾼
싶 은
여자

▲ 투명도 변화

흑백
사진

제11회 수필의 날 기념

강릉,
그리움

우산 속에도
비는 내린다

나뭇잎 사랑

▲ 투명도 변화

▲ 여러 가지 폰트를 사용해서 꾸밈

# 06

# 여백이 중요하다!

바둑에서 첫 수를 어디에 둘지가 중요한 것처럼 디자인도 빈 캔버스 어디에 텍스트 영역을 설정할지가 매우 중요하다. 여백을 공략하려면 먼저 왜 여백을 잘 설정해야 하는지 이유부터 이해해야 한다.

여백은 작업물에서 안정감을 주는 중요한 요소이다. 예를 들어 빈 페이지에 명함을 위치시킨다고 가정해보자. 이 명함을 어디에 놓을 때 가장 안정감있게 보일까? 안정감을 준다는 것은 어디에도 치우치지 않는 것을 말한다. 즉 명함을 중심으로 왼쪽 여백과 오른쪽 여백이 같을 때, 위쪽 여백과 아래쪽 여백이 같을 때 안정감 있게 보이기 마련이다. 만일 이 위치에서 벗어나면 안정감이 깨지게 된다.

또 다른 명함을 함께 배치해야 한다면 어떻게 될까. 두 번째 명함은 첫 번째 명함 밑에 배치하고 두 명함의 사방 여백이 동일한 위치에 배치하는 것이 좋을 것이다. 그리고 두 명함의 수직 위치가 같지 않으면 불안하게 보이게 된다. 즉 두 개의 요소를 정렬할 때는 어떤 기준을 잡고 정리하는 것이 제일 중요하다. 명함의 왼쪽 면을 기준으로 설정하고 모든 요소를 그에 맞추면 매우 안정적으로 보이게 된다.

이번에는 두 명함의 간격에 대해서 생각해 보자. 두 명함 사이의

▲ 요소의 왼쪽과 오른쪽 여백이 비슷하여 상단 부분이 안정적으로 보임. 여백 구성의 기본 형식

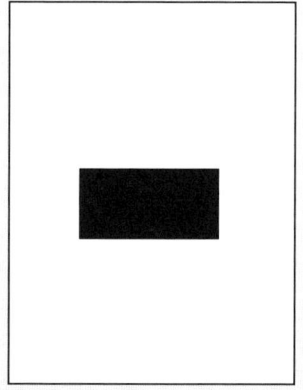

▲ 문서 전체적으로 보았을 때 요소가 가운데 위치하여 독립적이고 안정적으로 보임

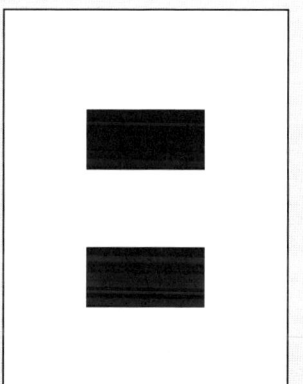

▲ 두 개의 요소가 안정적으로 보임. 이때 각 요소의 위치 또한 상단과 좌측 상단의 여백을 가급적 비슷하게 맞춤

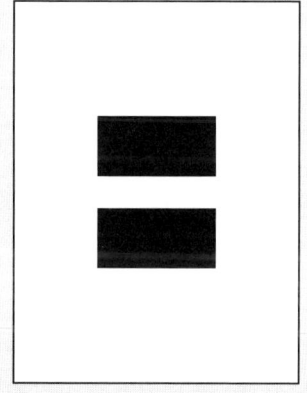

▲ 두 개의 요소가 관련이 있어 보임. 윗부분 여백과 아랫부분의 여백을 비슷하게 맞출 때 안정적으로 보임

간격과 상하 간격을 모두 비슷하게 맞춘다면 두 명함은 독립된 요소로 분리되어 보이게 된다. 반면 두 명함의 간격을 좁힐수록 하나의 요소로 묶여 보이게 된다.

　명함을 예로 들어서 여백에 대해 생각해 보았다. 다시 정리하자면 첫 번째, 빈 페이지에서 요소를 위치시킬 때 사방의 여백을 동일하게 설정하도록 하자. 텍스트 박스를 상단 영역에 기준으로 배치할 경우 텍스트 박스 위쪽 여백과 왼쪽 여백을 가능한 비슷하게 만드는 것이 안정감 있는 구성을 만들 수 있다는 말이다.

　두 번째, 모든 요소를 지정한 기준에 맞추어 정리하도록 한다. 이 작업은 매우 쉬워 보이지만 막상 요소가 많은 작업물을 제작하다보면 매우 어려운 작업 중에 하나이다.

　이 두 가지 규칙만 잘 지킨다면 안정감 있는 레이아웃을 설정할 수 있을 것이다.

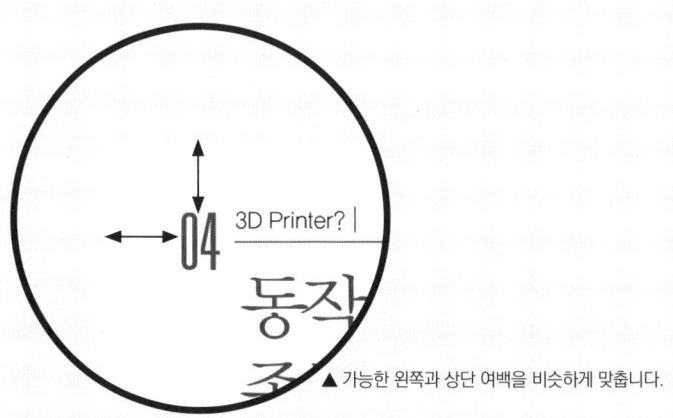

**04** 3D Printer? |

동작
조

▲ 가능한 왼쪽과 상단 여백을 비슷하게 맞춥니다.

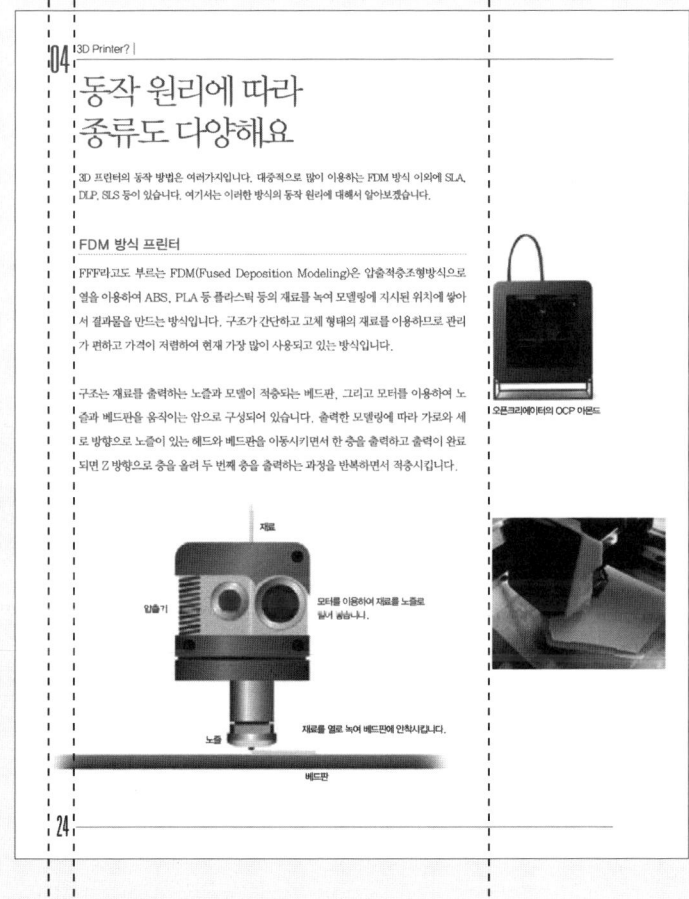

04 | 3D Printer? |

# 동작 원리에 따라
# 종류도 다양해요

3D 프린터의 동작 방법은 여러가지입니다. 대중적으로 많이 이용하는 FDM 방식 이외에 SLA,
DLP, SLS 등이 있습니다. 여기서는 이러한 방식의 동작 원리에 대해서 알아보겠습니다.

### FDM 방식 프린터

FFF라고도 부르는 FDM(Fused Deposition Modeling)은 압출적층형방식으로
열을 이용하여 ABS, PLA 등 플라스틱 등의 재료를 녹여 모델링에 지시된 위치에 쌓아
서 결과물을 만드는 방식입니다. 구조가 간단하고 고체 형태의 재료를 이용하므로 관리
가 편하고 가격이 저렴하여 현재 가장 많이 사용되고 있는 방식입니다.

구조는 재료를 출력하는 노즐과 모델이 적층되는 베드판, 그리고 모터를 이용하여 노
즐과 베드판을 움직이는 암으로 구성되어 있습니다. 출력한 모델링에 따라 가로와 세
로 방향으로 노즐이 있는 헤드와 베드판을 이동시키면서 한 층을 출력하고 출력이 완료
되면 Z 방향으로 층을 올려 두 번째 층을 출력하는 과정을 반복하면서 적층시킵니다.

오픈크리에이터의 OCP 아몬드

재료

압출기

모터를 이용하여 재료를 노즐로
밀어 냅니다.

노즐

재료를 열로 녹여 베드판에 안착시킵니다.

베드판

24

▲ 각각의 요소들을 임의의 기준선에 맞추어 정렬합니다.

# 07

# **스크랩**하자!

---

영화 '대부'의 감독으로 유명한 프란시스 코폴라는 영화의 시나리오를 작성하기 위해 소설 '대부' 도서의 모든 페이지를 잘라서 스크랩해두었다고 한다. 그리고 책을 읽으면서 생각나는 내용을 페이지의 빈 공간에 메모하여 나만의 도서를 만들었다고 한다. 영화로 제작하기 어렵다고 여겼던 '대부'를 스크린으로 볼 수 있었던 것도 이러한 철저한 분석이 있었기 때문이 아닌가 생각한다.

디자인도 마찬가지라고 생각한다. 자신이 작업한 결과물을 스크랩해두자. 그리고 작업할 때 사용했던 폰트 스타일이나 속성 정보를 기록해두자. 새 작업을 시작할 때 전에 만들었던 작업물을 참조하면 시행착오를 줄일 수 있을 것이다. 디자인 경력이 쌓이면 그만큼 실력도 그만큼 향상되어야 하는데 그렇지 못한 디자이너가 많다. 이는 자신이 작업한 작업물에 대한 분석이 없어서가 아닐까?

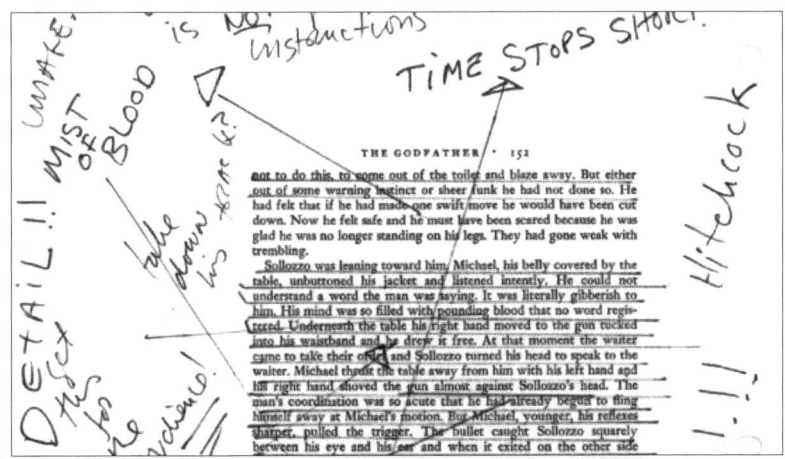

▲ 프란시스 코폴라 감독이 영화 대부를 위해 작성한 분석 노트

▲ 작업물을 스크랩하고 메모를 적어둡니다.

우리나라 신도로표지판에 사용되는 폰트는 산돌커뮤니케이션의 한
길체입니다. 기존의 네모꼴 폰트에서 탈네모꼴 형식의 폰트로 변경되
어 가독성도 우수해지고 세련된 느낌을 줍니다.

002

font **BASIC**

# 01 폰트 파일 종류

흔히 자주 사용하는 폰트 파일은 TTF이지만 TTF 이외에
종류가 다양합니다. 여기서는 폰트 데이터의 종류와
특징에 대해서 알아보겠습니다.


● 비트맵 폰트와 벡터 폰트

**비트맵**Bitmap **폰트**는 화면을 구성하는 작은 점인 **픽셀**Pixel**로
문자를 표시하는 점글꼴(\*.fon)**입니다.

예전에 컴퓨터 속도가 느릴 때 빠른 처리를 위해서
해상도가 떨어졌던 모바일 폰트 등에 많이 사용되었지만
최근에는 거의 사용되지 않고 있습니다.

**문자를 확대하면 곡선 부분에 계단 현상이 나타나
거칠어 보이는 단점**을 가지고 있습니다.


**벡터**Vecter **폰트**는 점과 방향으로
**문자 모양의 형태를 구성**하는 폰트입니다.

확대시 점의 위치를 이동시키므로 화질 손상이 거의 없어
모양이 정교하고 **확대 축소가 용이**합니다.

보통 문자의 외곽선을 벡터로 표시하고 문자의 안쪽을 채워서

사용하는 **윤곽선 글꼴 방식**을 벡터 폰트라고 부르는데

현재 가장 많이 사용하는 폰트 방식입니다.

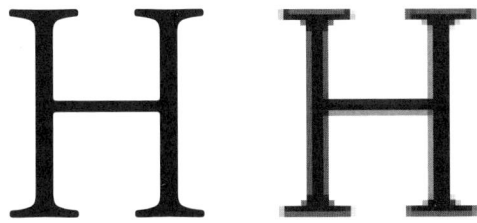

▲ 왼쪽은 벡터 글꼴, 오른쪽은 비트맵 글꼴

### ● 포스트스크립트 폰트

1980년대 초 어도비에서 개발한 기술로

포스트스크립트 폰트에는 화면용과 인쇄용 폰트

두가지가 존재합니다.

작업시는 비트맵 폰트인 화면용으로 작업하고

인쇄시에는 벡터 방식인 인쇄용 폰트를 이용하여

인쇄할 수 있습니다.

고가이고 고품질이어서 개인용이 아나라

전문 인쇄 작업에 주로 사용되었습니다.

### ● 트루타입 폰트

포스트스크립트의 정책에 대항하여

1989년 애플사에서 개인용으로도 사용할 수 있는

트루타입 폰트를 개발합니다.

**트루 타입**<sup>True Type Font</sup>은 **대표적인 윤곽선 글꼴로**

**화면에 보이는 문자 모습을 인쇄시에도 동일하게 표시해줍니다.**

트루 타입 글꼴의 확장자는 **TTF**이고

여러 개의 TTF를 그룹으로 묶은 **TTC**가 있습니다.

트루타입 폰트는 마이크로소프트사의 윈도우에 기본 폰트로

사용되면서 기본 폰트 형식으로 자리잡게 되었습니다.


이후 어도비는 트루타입 글꼴에 맞서 1989년 포스트스크립트

언어를 이용한 **타입 1 폰트**를 공개하였었는데

이 폰트는 **고품질을 요구하는 전문 출판 시장에서 각광**을

받았습니다. 대표 파일 확장자는 **\*.pfm, \*.pbm**이며

윈도우 비스타 이상 버전에서는 별도의 프로그램 설치 없이

윈도우에 등록해서 사용할 수 있습니다.


두 글꼴은 트루타입과 비교해서 벡터 방식을 이용하는 점은

동일하지만 곡선을 표현하는 방식에서 차이가 있습니다.

**트루타입은 베지어-스플라인**<sup>B-spline</sup>**을 이용**하여

글꼴을 구성하는 좌표 중 하나를 허용 범위 안에서 움직여도

전체 글꼴 모양이 바뀌지 않지만,

**타입 1은 베지어 곡선을 이용**하여 좌표를 움직이면

전체 글꼴 모양이 변경될 수 있습니다.

그리고 트루타입이 곡선이 더 부드럽고 처리속도도 빠릅니다.

앞에서 소개한 것처럼 마이크로소프트사와 어도비사는
자신이 개발한 폰트를 이용하여 서로 대립 관계로 맞섰지만
1990년 중반에는 협력 관계를 유지하게 되었습니다.
서로의 기술을 협력하여 오픈 타입 폰트, 클리어타입 기술 등
보다 진보적인 폰트를 개발하였습니다.

### ● 오픈 타입 폰트

현재 트루타입과 함께 많이 사용되고 있는
**오픈 타입 폰트**Open Type Font은 기존 트루타입 폰트를
확장한 글꼴 파일 형식으로 1996년 마이크로소프트사의
글꼴(TTF)과 이미지 정보를 출력 정보로 변환하는
출력 파일 기술인 어도비의 글꼴(PS)을 합작하여 발표한
글꼴 저장 형식입니다.
큐빅 베이지어Cubic Bezier으로 제작하여 트루타입보다
적은 포인트를 사용하여 보다 **부드러운 표현이 가능**하여
그래픽 디자인 등 **고해상도 출력에 적합**하며
MS-Windows 뿐만 아니라 애플의 맥에서도 사용이 가능합니다.
대표적인 확장자는 **OTF**이며
**어도비 제품군에서 사용**할 수 있습니다.

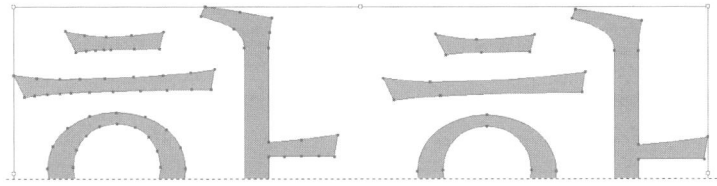

▲ 왼쪽은 TTF, 오른쪽은 OTF의 외곽선. OTF가 글꼴에 사용된
조절점이 적어 보다 부드럽게 글자를 표현합니다.

| 파일 타입 | OTF | TTF |
|---|---|---|
| 포맷 방식 | Compact Font Format(CFF) | True Type Format |
| | 트루타입 서체에서 서로의 장점을 살려 통합한 포맷 | 외곽선 글꼴의 표준 방식 |
| 사용 권장 범위 | Adobe (Illustrator, Indesign) QuarkXpress | MS 제품군 한글 및 일반 출판용 제작툴 |
| 권장 사용자 | 고해상도 출력을 위한 전문가 | 웹디자이너, 기획자 일반 디자이너 |

## ● 클리어 타입 기술

**클리어 타입**<sup>Clear Type</sup>은 글꼴의 곡선 부분을 부드럽게 처리하는

마이크로소프트사의 글꼴 렌더링 기술로 액정 모니터에서

글꼴을 보다 부드럽게 표현해줍니다.

윈도우에서 클리어 타입을 이용하려면

[제어판]-[디스플레이]를 실행한 후

[ClearType 텍스트 조정] 메뉴를 클릭합니다.

현재 모니터에 맞게 텍스트 선명도를 조절해주는

튜너가 실행되면 단계에 따라 진행하면 설정이 완료됩니다.

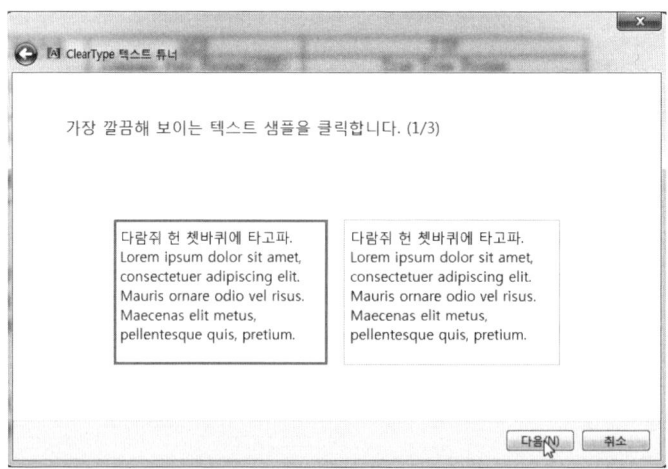

## 02 한글의 구성 요소

---

### ● 한글 구성

한글은 소리 글자로

**자음 14자와 모음 10자**로 이루어져 있습니다.

**자음**은 목 안이나 입안의 장애를 통해 나오는 소리로

**닿소리, 닿자**라고 하고

**모음**은 입모양으로만 소리를 조율하는 소리로

**홑소리, 홑자**라고 합니다.

ㄱ ㄴ ㄷ ㄹ ㅁ

ㅏ ㅑ ㅓ ㅛ ㅜ

한글은 자음인 닿자와 모음인 홑자로 모아서

글자를 이룹니다.

첫 자음 위치인 **초성**, 모음으로 구성된 **중성**,

초성으로 끝소리를 구성된 **종성**으로 구성합니다.

그리고 닿자와 홑자의 모음의 구성에 따라

닿자와 홑자가 가로로 모아진 **가로모임**,

세로로 모아진 **세로모임**,

가로와 세로로 모인 **섞임모임**으로

구분할 수 있습니다.

한

초성 / 중성 / 종성

가로모임 글자    세로모임 글자    섞임모임 글자

● 낱글자 용어

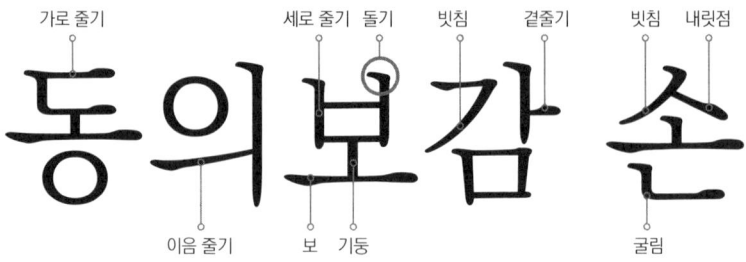

가로 줄기 · 세로 줄기 · 돌기 · 빗침 · 곁줄기 · 빗침 · 내릿점

이음 줄기 · 보 · 기둥 · 굴림

**가로 줄기** 닿자에서 가로 방향으로 그려진 모든 줄기

**세로 줄기** 닿자에서 세로 방향으로 그려진 모든 줄기

**이음 줄기** 기둥이나 획에 연결된 휘어진 가로 줄기

**기둥** 홀자에서 세로로 그려진 모든 줄기

**보** 홀자에서 가로 그려진 모든 줄기

**이음보** 기둥에 이어진 줄기

**곁줄기** 기둥에 붙은 짧은 줄기

**돌기** 줄기의 끝의 삐침

**빗침** 오른쪽에서 왼쪽으로 빗겨진 줄기

**내릿점** 왼쪽에서 오른쪽으로 빗겨진 줄기

**굴림** 줄기가 꺾여지는 부분

# 03

# 글자의 중심선 분석

글자끼리 서로 조화를 이루려면
글자를 규칙적인 위치에 배열해주어야 합니다.


이러한 규칙을 맞추기 위해서 글꼴을 제작할 때
**기준선** guide line 을 이용합니다.


기준선은 글자의 위와 아래 영역인 **윗선**과 **밑선**을 중심으로
다양한 기준선을 이용하는데
영문과 한글이 사용하는 기준선이 다릅니다.
한글은 초성, 중성, 종성의 위치를 설정하기 위한
기준선을 이용합니다.

윗선

기준선

밑선

글자에서 처음 오는 닿소리를 첫 닿소리자라고 하는데
이 첫 닿소리가 배치되는 윗선을 **첫닿윗선**이라고 하고
아랫선을 **첫닿밑선**이라고 하며
이 선에 맞추어 자음 위치가 배치됩니다.

받침은 **받침윗선과 받침밑선**에 배치되고
오른쪽에 위치하는 모음은 **기둥선**에 맞춥니다.

첫닿윗선 · 기둥선 · 받침윗선 · 보선 · 첫닿밑선 · 받침밑선 · 경

전체적인 글자는 **베이스라인 그리드인 기준선에 맞춰 정렬**됩니다.
모든 그래픽 프로그램에서도 기준선에 맞춰 글자가 입력됩니다.

타입은 스스로 말한다. typography. TYPOGRAPHY

타입은 스스로 말한다. typography. TYPOGRAPHY

▲ 모든 글자는 기준선에 맞춰 글자가 정렬됩니다.

그리고 글꼴의 무게를 잡아주는 중심선이 있습니다.
글자의 요소가 몰려 있는 영역으로
보통 가운데 영역을 설정하여 안정감을 주도록 하지만
상황에 따라 위로 설정하여 가벼운 느낌을 주거나
아래로 배치하여 재미있는 느낌을 주기도 합니다.

# 사랑해

▲ 글자의 상단 부분이 무게감이 있는 윤디자인의 블랙핏 폰트

# 사랑해

▲ 네모틀에 글자를 꽉 채우는 폰트로 글자의 중간 부분에 무게감이 있는 윤디자인의 화이트핏 폰트

영문은 대문자와 소문자로 구성되어 있으므로 기준선도
대문자와 소문자에 맞추어 설정됩니다.


소문자 중 글자 영역을 꽉 채우는 소문자 x를 기준으로
소문자 높이 영역을 **X-Height**라고 하고
소문자 x자 윗부분을 **어센더**<sup>Ascender</sup>, 아랫 부분을 **디센더**<sup>Descender</sup>
라고 합니다.
그리고 소문자 t처럼 어센더 영역에 삐침이 있는 경우
삐침의 높이를 **t-line**이라고 합니다.
대문자는 한글의 보선처럼 글자가 정렬되는 위치인
베이스라인으로부터 어센더의 최대 높이인
어센더 라인까지 채웁니다.
대체적으로 영문 글꼴은 베이스라인에 영문의 밑선이
맞춰져 있지만 한글 글꼴에서는 영문의 밑선이 베이스라인에

일치하지 않는 경우가 많습니다.

어센더의 최대 높이를 어센더라인, 디센더의 최대 높이를

디센더라인이라고 부르며

영문은 이 영역 안에 글자가 채워집니다.

## 04  네모꼴, 탈네모꼴

**네모꼴이란 글자가 담기는 사각형 영역 안에**

**초성, 중성, 종성을 사각형 영역에 알맞게 배치**해서

꾸민 글꼴을 말하고

**탈네모꼴은 사각형 영역에 맞추지 않고**

**글자의 초성, 중성, 종성을 조합**하여 만든 글꼴을 말합니다.

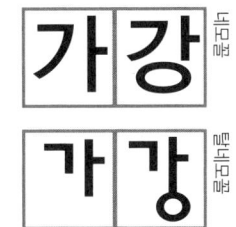

즉. 네모꼴은 같은 자음이라고 할지라도 초성에 사용될 때와

종성에 사용할 때마다 형태가 달라지지만

탈네모꼴은 초성의 자음이 종성에 사용되어도

글자 모양이 같습니다.


일반적으로 사용하는 **한글은 대부분이 네모꼴**이며

탈네모꼴은 주목성이 필요한

**제목 폰트에 주로 사용**되고 있습니다.

대표적인 탈네모꼴에는 **안상수체, 산돌60 등**이 있습니다.

탈네모꼴은 초성과 중성, 종성을 조합한다는

**한글 창제의 원리를 승계**하고 있다는 점과

한글의 아름다움을 살릴 수 있다는 장점을 가지고 있지만

하단 밑선이 들쭉날쭉하기 때문에

**가독성이 떨어진다는 문제**도 앉고 있습니다.


최근에는 **탈네모꼴의 가독성 문제를 해결한**

**탈네모형의 폰트**들도 많이 이용하고 있습니다.

탈네모형은 탈네모꼴처럼 중심이 상단에 위치하면서

하단 밑선의 둘쭉날쭉한 부분이 완화되어 있는 형태로

**가독성은 유지**하면서

평이한 모양의 네모꼴에서 벗어나

**개성있고 세련된 느낌**을 줍니다.

윤디자인의 윤고딕 200시리즈,

무료 폰트에는 서울체, 성동체 등이 탈네모형 폰트입니다.

아름다운 한글
◀ 네모꼴 : Kopub 돋움체

아름다운 한글
◀ 탈네모꼴 : 안상수체

아름다운 한글
◀ 탈네모형 : 윤고딕 200

# 05

# 바탕체, 돋움체, 굴림체

● **바탕체와 명조체**

손글씨처럼 **획의 굵기가 다르고 균형이 잡혀 있는 폰트**를

흔히 **명조체**라고 부르고 있습니다.

명조체는 일본을 통해 우리나라에서 처음 활자 기술이 들어 올 때

일본에서 사용되었던 이름입니다.

이후에 우리나라만의 이름을 사용하자는 소리가 높아지면서

1991년 **문화체육부**의 주체로 **바탕체**라는 이름을 사용하기를

권고하게 되었습니다. 바탕체란 **글자의 바탕이 되는**

**기본 글**을 말합니다.

## 훈민정음

▲ Kopub 바탕체

●**돋움체와 고딕체**

획이 **굵기가 비슷하고 수평과 수직의 획으로 구성**되어 있는

폰트를 **고딕체**라고 부릅니다.

일본에서 고딕체라는 이름을 사용했었던 것이

우리나라에서도 전해오면서 고딕체라고 불리우게 되었습니다.

이후 1991년 **문화체육부**의 주체로 **돋움체**라는 이름을

사용하기를 권고하게 되었습니다.

돋움체는 **바탕체에 살을 붙여서**

**돋보이게 만든 글**을 말합니다.

● **굴림체**

굴림체는 일본의 나까무라가 개발한 획이 꺽이는 부분이

둥근 형태의 고딕체인 **나루체가**

**한국에 들어와 디지털 글꼴로 개발시 지정된 이름**입니다.

이후 마이크로소프트사의 프로그램에서 기본 글꼴을

굴림체로 채택하는 바람에 디지털 글꼴에서

가장 많이 사용하는 글꼴이 되었습니다.

이는 한글의 주체성에 큰 문제가 되었으며

국내 폰트 개발사인 산돌과 마이크로소프트사의 지원을 통해

2005년도에 **맑은 고딕**을 개발하여 인터넷의 기본 글꼴로

사용되게 되었습니다.

훈 민 정 음 ◀ 굴림체

훈 민 정 음 ◀ 맑은 고딕

# 06

# 세리프, 산세리프

영문에서 글자의 획 끝부분 처리에 따라

**세리프와 산세리프로 분류**할 수 있습니다.

● **세리프체**

**세리프**<sup>serif</sup>는

**획의 끝 부분에 삐침이 있는 글자**를 말합니다.

손글씨처럼 보여 **가독성이 우수**하여

**본문용 폰트로 많이 사용**합니다.

한글에서 **바탕체(명조체)**가 세리프에 해당합니다.

**세리프**에는

올드 스타일, 트랜지셔널, 모던, 이집션,

컨템포러리 스타일이 있습니다.

**올드 스타일**<sup>Old Style</sup>은

**가로 획과 세로 획의 굵기가 큰 차이가 없는 서체**로

대표적인 서체로 개라몬드<sup>Garamond</sup>가 있습니다.

**트랜지셔널 스타일**<sup>Transitional Style</sup>은

**올드 스타일보다 가로획이 가늘고 세로획이 두꺼워**

**글자가 강조**되어 보이는 서체로

올드 스타일과 모던 스타일을 이어주는 역할을 합니다.

대표적인 글꼴에는 바스커빌<sup>Baskerville</sup>, 타임 뉴 로만 <sup>Time New Roman</sup> 등이

있습니다.

-----

# Serif Font Style

▲ 올드 스타일인 Garamond 글꼴

# Serif Font Style

▲ 트랜지셔널 스타일인 Time New Roman 글꼴

-----

**모던 스타일**<sup>Modern Style</sup>은

**가로획과 세로획의 두께가 급격하게 차이가 나는 글꼴로**

가독성보다는 주목성이 높아 본문보다는

**제목용 글꼴로 많이 사용**됩니다.

대표적인 글꼴에는 디돈<sup>didone</sup>, 보도니<sup>Bodoni</sup> 등이 있습니다.

-----

# Serif Font Style

▲ 모던 스타일인 Bodoni 글꼴

**이집션**Egyptian Style은

획의 굵기가 두꺼운 편이며

굵은 획과 가는 획의 대비를 크게 두지 않은 글꼴로

X-height가 높습니다.


● **산세리프체**

**산 세리프**San-serif는

세리프와 반대로 **획에 삐침이 없는 글꼴**을 말합니다.

**가로획과 세로획의 두께가 비슷**하며

본문 서체보다는 **제목 서체용**으로 많이 사용되고 있습니다.

 **고딕체**가 산 세리프에 속하며 대표적인 서체에는

헬베티카Helvetica, 유니버스Univers, 윤고딕 등이 있습니다.

# Sky 하늘

# 07

# 볼드, 라이트, 이탤릭체

글꼴은 두께에 따라

기본 글꼴보다 글자를 두껍게 표시하는 볼드체와

기본 글꼴보다 글자를 얇게 표시하는 라이트 글꼴이 있고

글자를 기울인 이탤릭체 등이 있습니다.

# **Bold** Light *Italic*

**볼드체**bold**는 글자가 커보이고 돋보여지므로**

장문의 글 중 일부의 **글을 강조**할 때 많이 사용하고

**라이트**light**는 글자 두께가 얇아 세련된 느낌**을 줍니다.


글자의 두께에 따라 **아주 가는**extra-light, **가는**light, **보통**medium

**약간 굵은**semi-bold, **굵은**bold, **아주 진하고 굵은**black, **아주 굵은**extra-bold

으로 구분할 수 있습니다.


**이탤릭체는** 일반 글자와 함께 배치하면 **눈에 잘 띠지만**

다른 서체의 영역을 침범하여 가독성을 해칠 수 있으므로

사용에 주의해야 합니다.

**보통 제목이나 짧은 문단을 강조할 때 많이 사용**합니다.

비트맵 그래픽 편집 프로그램인 **포토샵**에서는

[문자 : Character] 패널에서 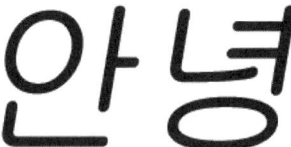 [Faux Bold] 버튼을 눌러

글자를 두껍게 표시하거나, [Faux Italic] 버튼을 눌러

이탤릭체를 표시할 수 있습니다.

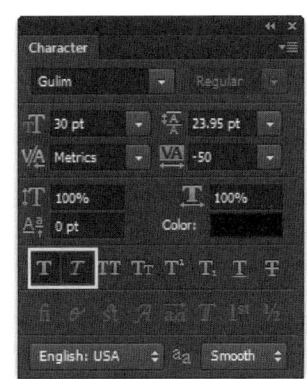

**인디자인이나 일러스트레이터**에서는

[문자 : Character] 패널에서 옵션을 이용하여

글자를 두껍게 또는 이텔릭체로 변경할 수 없고

**볼드, 라이트, 이탤릭체로 구성되어 있는 글꼴을 선택해서**

**변경**해야 합니다. 이와같이 폰트와 파생된 폰트들의 집합을

**패밀리**family라고 합니다.

예를 들어 나눔 명조 폰트에는 나눔 명조는 보다

조금 두꺼운 [Bold], 아주 두꺼운 [Extra Bold]를

**[Set The font Style] 항목에서 선택**할 수 있고

윤명조나 윤고딕 시리즈는 **[Set The font Style]에서**

**수치로 되어 있는 목록을 선택하여 두께를 조절**할 수 있습니다.

글꼴을 패밀리로 구성하는 글꼴인 경우

두께에 따라 엑스트라, 헤비, 울트라로 종류를 나누는 경우도 있고

이탤릭체는 oblique로 분류되어 있는 경우도 있습니다.

▲ [Set the font Style]에서 다른 속성의 글꼴을 선택할 수 있습니다.

## 세계 최초의 패밀리군 Univers

Univers를 설계한
에이드리언 프루티거 Adrian frutiger

활자 시절 때는 활자를 일일이 깎아야 했기 때문에

한 벌의 활자를 만들기가 쉽지 않았습니다.

그래서 보통 기본 활자를 만든 후

사용자의 요구에 따라 변형된 패밀리군을

구성하는 것이 일반적이었습니다.

패밀리군을 생각하지 않고 기본 활자를 만들다 보니

체계적이지 않고 억지스러운 부분도 발생하는 것이

당연한 일이었습니다.

이러한 문제를 해결하기 위해

활자 개발 단계부터

글자 속성에 따라 모든 패밀리군을 함께 구성해서

만들어진 폰트가 바로 Univers입니다.

획의 두께와 이탤릭Oblique, 글자 간격Condensed 등의 속성에 따라

파일명을 숫자로 명기한 것으로도

유명한 폰트입니다.

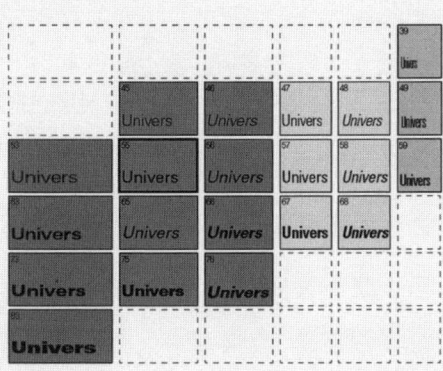

# 08

**딩벳 폰트**

**딩벳**dingbat**은 폰트와 함께 사용하기 위해**

**고안된 부호나 심벌 또는 참고 표시의 정식 기호**를 말합니다.

딩벳 폰트는 문자 배열에 문자 대신 이모티콘 같은

이미지로 구성되어 있는 폰트로 키를 누르면

해당 이미지가 문자처럼 입력됩니다.

딩벳은 폰트 구성을 가지고 있으므로

글자 기울기, 볼드 등의 효과를 적용할 수 있지만

글자가 아니므로 원하는 이미지를 찾기는 어려우므로

해당 **문자표**Glyphs**를 보고 입력**해야 합니다.

문자 입력 중 어도비 프로그램의 **[Windows]** 메뉴에서

**[Type]-[Glyphs]을 클릭**하면 문자표를 열 수 있습니다.

여기서 사용할 문자를 더블 클릭하면 커서가 있는 위치에

문자가 입력됩니다.

윈도우에 설치되어 있는 기본 폰트 중 **Wingdings, Wingdings2,**

**Wingdings3, Webdings** 폰트를 이용하거나

무료 딩벳 폰트를 이용하여 딩벳을 이용할 수 있습니다.

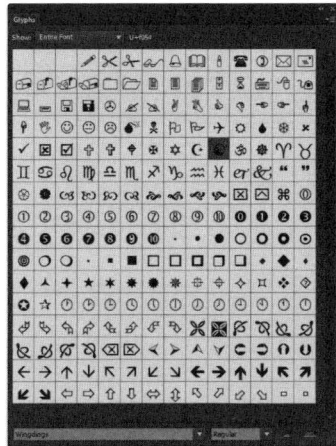

▶ Wingdings 딩벳 폰트의 [Gyphs]

▲ Dafont.com 무료 딩벳 폰트(연예인 얼굴 Celeb Faces, 상표 Logos And Logos TFB)

특정 폰트는 재미있는 딩벳 문자를 일부 제공하는 경우도 있습니다.

[Glyphs]을 이용하거나 지시된 문자 조합키를 이용하여

기호를 넣을 수 있습니다.

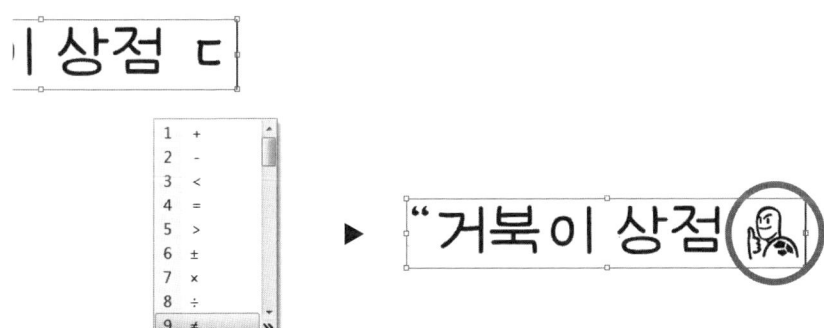

▲ 윤디자인의 거북상회 폰트는 'ㄷ'을 입력한 후 [한자] 키를 누르면 나타나는 목록에서 ≠ 문자를 선택하면 거북이 아이콘이 입력됩니다.

# 09 중국어, 일본어 폰트

● 중국어 폰트

중국어는 크게 간체와 번체로 나눌 수 있으며

폰트도 두 종류별로 분류됩니다.

**간체**Simplified Chinese**는 복잡한 한자 일부를 간략하게**

**표시**하는 것을 말하는 것으로

**중국 대륙**에서 공식적으로 사용하는 언어입니다.

글자는 **3,500자의 번체와 간체 2,235자로 구성**됩니다.

**번체**Traditional Chinese**는 정체 또는 구자체라고도 부르는데**

**고유의 한자를 그대로 사용**하는 것으로

**홍콩, 대만 등**에서 사용하고 있습니다.

글자는 **3,500자의 번체**로 이용합니다.

폰트를 사용할 때도

**간체를 이용할 때는 Simplified Chinese 폰트**를,

**번체를 이용할 때는 Traditional Chinese 폰트**를 이용해야 합니다.

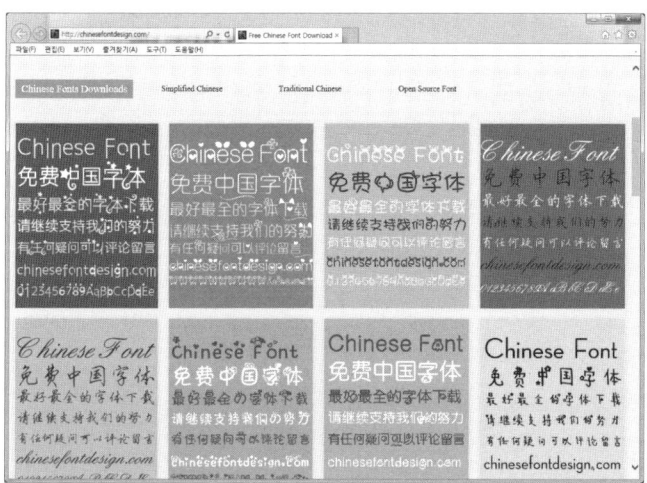

▲ 무료 중국어 폰트 사이트 http://chinesefontdesign.com

## ●일본어 폰트

일본어는 크게 **히라가나, 가타카나 그리고 한자**로

구성되어 있습니다. 무료 폰트는 히라가나 또는 가타카나 전용으로

제공되는 경우가 많으므로 폰트 사용시 확인하도록 합니다.

▲ 일본어 무료 폰트 사이트 http://www.fontna.com

## ● 윈도우에서 외국어 입력하기

윈도우에서 외국어를 입력하려면 언어팩을 추가해야 합니다.

언어팩을 추가하려면 [제어판]에서 **[국가 및 언어]**를 실행 → [키보드

및 언어] 탭 → **[키보드 변경]** 클릭 → [추가] 버튼 클릭해서 사용할

언어를 추가합니다.

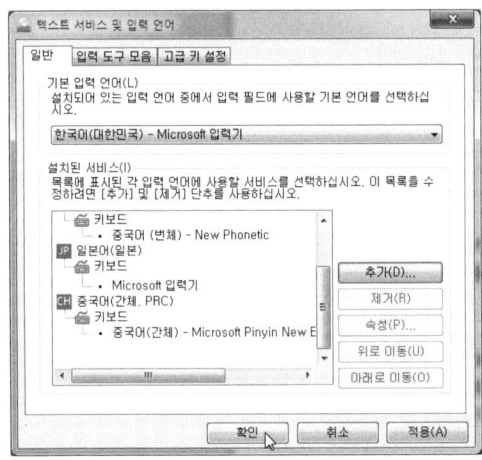

·**중국어 간체** [중국어(간체,PRC)] -[중국어(간체) - [Microsoft Pinyin New Experience 입력 스타일]을
선택
·**중국어 번체** [중국어(번체, 대만)-[키보드]-[중국어(번체)-New Phonetic], [속성] 탭 클릭한 후 [Key-
board] 탭에서 [Taiwan Pinyin] 선택
·**일본어** [일본어(일본)]-[키보드]-[Microsoft 입력기]

입력 언어를 변경하려면

[Shift]+[Alt]를 눌러

입력 언어를 변경하거나

작업표시줄에서 언어 아이콘을 눌러

언어를 선택합니다.

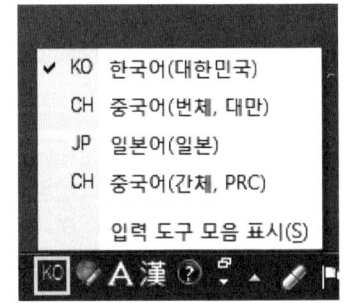

중국어는 중국어를 발음기호로 표시한 **병음을 이용하여 입력**합니다.

입력한 중국어의 병음을 알파벳을 이용하여 입력한 후

[Space bar]를 입력하면 중국어가 입력됩니다.

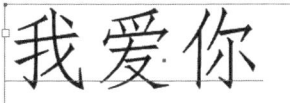

◀ '사랑해'의 발음으로 'woaini'를 입력해서
한자를 표시한 경우

일본어는 언어를 일본어로 변경한 후

히라가나 또는 가타카나를 선택한 후

**일본어를 알파벳 발음으로 입력**하는

Microsoft 입력기 방식으로

일본어를 입력할 수 있습니다.

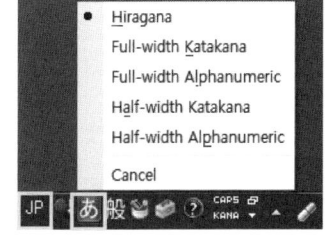

일본어를 알파벳 발음으로 입력 후 [Space bar]를 누르면

한자에 해당하는 부분은 자동으로 한자로 변경됩니다.

한자를 되돌리려면 한자에 커서를 위치시킨 후

[Space bar]를 누르면 나타나는 목록에서 표시할 문자를

선택하면 됩니다.

▲ 'watasihakoudesu'를 입력해서 일본어를
표시한 경우

◀ 한자에 커서를 위치시킨 후 [Space bar]를 누
르면 변경할 문자 목록이 나타남

# 10 한자 폰트

한글 폰트에는 한자 폰트가 담겨 있지 않거나
한자 폰트가 평이한 경우가 많습니다.

한자를 보다 멋스러운 모양으로 사용하려면
MS 윈도우에서 제공하는
일본어 또는 중국어를 입력할 때 사용하는 폰트를 이용하면
예쁜 한자를 이용할 수 있습니다.

**중국의 간체는 우리나라 한자와 달라 잘못 입력되는 경우**가 많으므로
**일본어 한자**나 **중국의 번체**의 폰트를 이용합니다.

먼저 한글 폰트를 이용하여 한자를 입력한 후
한자 부분을 예쁜 한자를 제공하는 폰트로 변경해서 꾸밉니다.

일본어의 고딕체를 입력할 이용할 수 있는 MS Gothic,
명조체를 입력할 이용하는 MS Mincho,
굴림체를 입력할 때 이용하는 Meiryo 폰트로
한자를 이용할 수 있습니다.

大韓民國
MS Gothic

大韓民國
MS Mincho

大韓民國
Meiryo

이외에 필기체 느낌의 한자를 입력할 경우에는

**DFKai-SB, Fangsong, MingLiU 폰트**를 이용합니다.

Fangsong 폰트는 중국어 간체로 한글에서 사용하는 한자가

정상적으로 표시되지 않을 수 있어 사용할 때 주의가 필요합니다.

人生은 密林 속의 動物園이다.

DFKai-SB

人生은 密林 속의 動物園이다.

Fangsongs

人生은 密林 속의 動物園이다.

MingLiu

보다 예쁜 폰트를 이용하려면 폰트뱅크 등에서 제작한

일본어 또는 한자 전용 폰트를 이용하도록 합니다.

物有本末 事有終始
事物에는 根本과 末端이 있듯, 일에는 처음과 끝이 있다(大學)

▲ FB-솔뫼한자

永遠の美を追求したTypographyたち、日本語組版がドラ
永遠の美を追求したタイポグ

▲ Hiragino

# 11 웹폰트

웹페이지에서 폰트를 이용하여 입력한 문자는

웹페이지를 여는 사용자 PC에서 해당 폰트를 불러와서

폰트를 적용합니다. 만일 해당 폰트가 없다면 다른 폰트로 대체되기

때문에 보통 윈도우에 설치되어 있는 기본 폰트를 이용해서

웹페이지를 제작합니다.

웹에서 원하는 폰트를 이용하기 위해서 개발된 기술이

웹폰트<sup>web font</sup>입니다.

**웹폰트는 웹 공간에 폰트를 설치하고**

**웹상에서 폰트를 불러와서 웹페이지에 적용하는 방식**이므로

사용자 PC에 폰트가 없어도 폰트 스타일을 적용할 수

있도록 해줍니다.


웹폰트는 폰트 파일 크기가 매우 중요합니다.

폰트의 파일 크기가 크다면 그만큼 문서가 열리는 시간도

길어지기 때문에 일반 폰트보다 파일 크기를 줄여줄 수 있는

폰트 파일 형식을 이용합니다. 대표적인 웹폰트 파일에는

**마이크로소프트사에서 임베디드 글꼴로 개발한 EOT**<sup>Embedded OpenType</sup>와

**W3C 권장 글꼴 형식인 WOFF**<sup>Web Open Font Format</sup> 가 있습니다.

EOT는 익스플로러 웹브라우저에서만 **사용**할 수 있고

**WOFF**는 다른 웹브라우저에서 **사용**할 수 있는 형식입니다.

모든 웹브라우저에 만족시키려면 아직은 두 가지 형식을 함께

이용해야 하지만 앞으로 WOFF 형식으로 표준화되며

보다 쉽게 웹폰트를 이용할 수 있게 될 것입니다.

웹폰트는 웹페이지 뿐만 아니라

**폰트를 이용하는 프로그램, 폰트가 적용된 텍스트 문서인**

**전자책** 등에도 이용됩니다.

이러한 웹폰트는 **콘텐츠 데이터에 폰트 파일이 결합되기 때문에**

**임베디드 폰트**<sup>embedded</sup>라고 부르기도 합니다.

웹폰트를 이용하여 다양한 폰트를 이용한 홈페이지
http://www.jarasumjazz.com

나눔명조 웹폰트를 이용한 전자책

## ● EOT 폰트 변환

폰트 파일을 EOT 폰트로 변환하려면

[eotfast] 홈페이지(http://www.eotfast.com)에 접속한 후

[FREE Download] 버튼을 클릭해서 변환 프로그램을

다운로드 받습니다.

다운로드받은 압축 파일을 푼 후

변환할 폰트를 해당 폴더에 저장하고

폰트 파일을 [EOTFAST-1] 파일로 드래그하면

EOT 확장자의 파일이 생성됩니다.

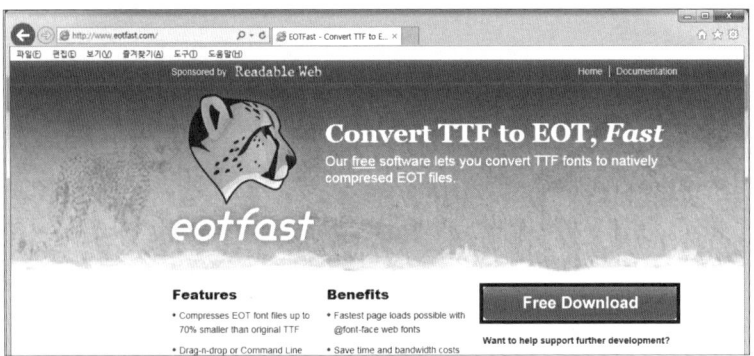

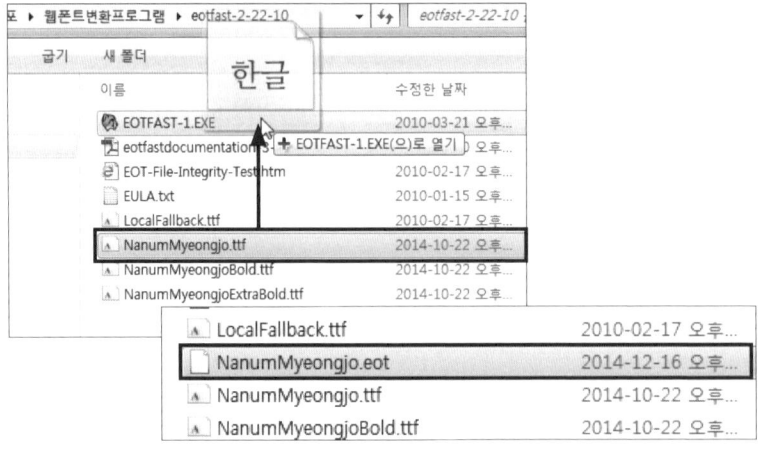

● WOFF 폰트 변환

폰트 파일을 WOFF 폰트로 변환하려면

[WOFF FONTS] 홈페이지(http://people.mozilla.org/~jkew/woff)에

접속한 다음

윈도우 사용자는 'for Windows'를 클릭하고

맥 OS 사용자는 'for MAC OS X'를 클릭해서

변환 프로그램을 다운로드 받습니다.

변환할 폰트 파일을 다운로드 받은 [sfnt2woff.exe] 파일로

드래그하면 해당 폴더에 확장자가

[woff]인 폰트 파일이 생성됩니다.

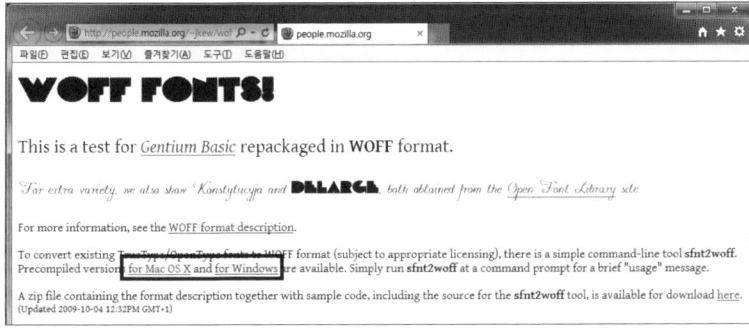

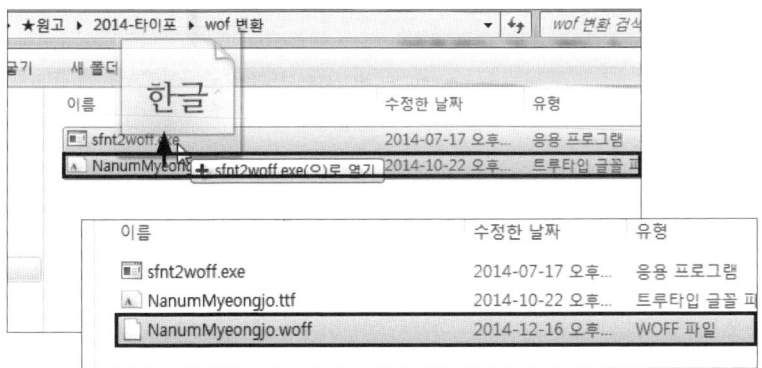

## ● 웹폰트 스타일 적용하기

웹폰트를 웹페이지에 사용하려면

HTML 문서에 스타일을 이용하여 폰트를 적용해야 합니다.

현재 **익스플로러 웹브라우저는 EOT 폰트를 지원하고**

**이외 다른 브라우저에서는 WOFF 폰트를 지원**하므로

접속하는 웹브라우저에 따라 해당 폰트가 적용되도록

스타일을 작성해야 합니다.


우선 웹페이지에 사용하기 위해 변환해둔

EOT와 WOFF 파일을 웹페이지가 있는 서버 공간에 저장해두고

HTML 문서의 〈head〉 태그 안에

다음과 같이 스타일을 이용하여 폰트를 지정해줍니다.

그런 다음 스타일로 등록한 폰트를 적용할

문단 태그인 〈p〉 태그 안에

클래스(CLASS)를 이용하여 속성을 적어주면

해당 문단에 웹폰트가 적용됩니다.

```
〈html〉

〈head〉

〈style〉

@font-face{

font-family : Nanum;

src:url('NanumMyeongjo.eot');  EOT 파일의 경로를 지정

src:local(※), url('NanumMyeongjo.woff') format('woff')}
                   익스플로러 웹브라우저가 아닐 경우 WOFF 파일을 불러 옴
.webFont{ font-family:'Nanum';}
            'Nanum'으로 설정한 스타일을 'webFont' 이름으로 지정
〈/style〉

〈/head〉


〈body〉

〈p class="webFont"〉나눔명조폰트적용〈/P〉
            해당 문단에 'webFont'로 설정한 스타일을 적용
〈/body〉

〈/html〉
```

## ● 구글 웹폰트 사용하기

일일이 사용자가 폰트를 변환하여 사용하는 방법이 번거롭다면

구글에서 제공하는 웹폰트를 이용합니다.

**구글 웹폰트는 이미 만들어져 있는 웹폰트를 불러와서 사용하는**

**방식**으로 사용자는 지정된 코드만 입력하면

손쉽게 이용할 수 있습니다.

[구글 폰트] 홈페이지(http://www.google.com/fonts)에 접속하면 사용할 수 웹폰트 목록이 나타나는데 여기서 사용하고 싶은 폰트를 고른 후 ⊞ 버튼을 클릭합니다. 폰트 속성 페이지에서 사용할 폰트 속성을 지정하면 표시되는 **3번 항목의 소스 코드를 드래그해서 복사**한 후 웹폰트를 적용할 HTML 문서의 **〈head〉 태그 안**에 붙여 넣습니다.

스타일에 삽입하는 소스를 이용하고 싶은 경우에는 [@import] 탭을 클릭하면 나타나는 소스를 복사해서 〈style〉 태그에 붙여 넣어주면 됩니다.

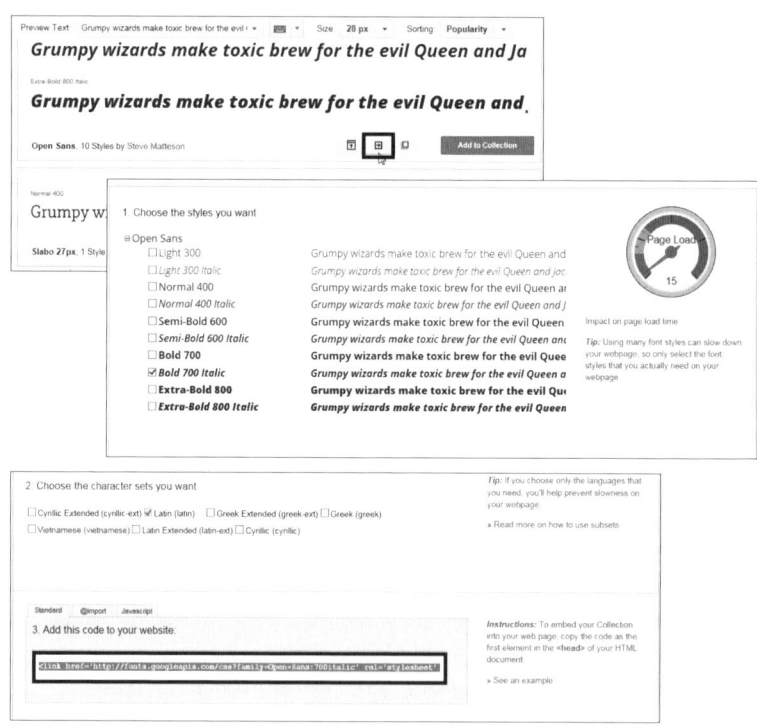

그 다음은 **4번 항목의 소스를 복사**한 후

**〈head〉의 〈style〉 태그에 클래스로 사용할 이름의 속성**으로

붙여 넣습니다.

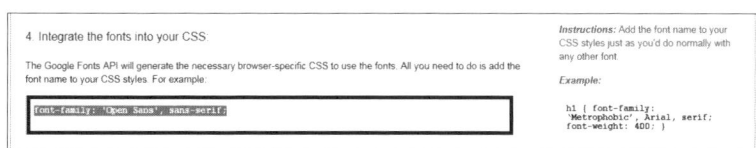

이와같이 코딩한 후 실행하면 선택한 폰트가 적용됩니다. 단! 구글

웹폰트는 사용자가 직접 웹폰트를 제작해서 사용하는 방법보다

**로딩 속도가 느립니다.**

구글 폰트는 아직 한글 폰트는 지원하지 않고 있습니다.

**한글 폰트**를 이용하려면 **[구글 폰트 베타] 사이트**(http://www.google.

com/fonts/earlyaccess)에 접속해서 이용할 수 있습니다.

나눔, 제주 등 다양한 한글 폰트를 이용할 수 있습니다.

**[구글 폰트 베타] 사이트**(http://www.google.com/fonts/earlyaccess)

```
〈html〉

〈head〉

〈style〉

@import url(http://fonts.googleapis.com/earlyaccess

/nanumbrushscript.css);   구글 폰트에서 지시하는 링크 주소

.ft {font-family: 'Nanum Brush Script', serif;}
          ft라는 클래스 이름으로 폰트 스타일을 정의
〈/style〉

〈/head〉


〈body〉

〈p class="ft"〉 폰트 스타일을 적용할 곳에 클래스 지정

〈span style="font-size:26pt;"〉기분 좋은 하루〈/span〉〈/p〉

〈/body〉

〈/html〉
```

기분 좋은 하루

## ● 클라우드 웹폰트 서비스

보다 세련된 홈페이지 제작을 위해 홈페이지에

웹폰트를 이용하는 사례가 늘어나고 있습니다.

그러나 사용자가 일일이 폰트 라이선스를 획득하고

웹폰트로 변환해서 사용하는 번거로움이 많아짐에 따라

구글 폰트처럼 링크를 이용하여 다양한 웹폰트를 이용할 수

있도록 해주는 **클라우드 웹폰트** 서비스 업체가 많이 생겼습니다.

이 서비스는 다양한 웹폰트 제공뿐만 아니라

폰트 처리 속도도 향상시켜 보다 빠르게 웹페이지를

처리할 수 있도록 해줍니다.

클라우드 웹폰트 서비스 업체 [typolink] 홈페이지
(http://www.typolink.co.kr)

클라우드 웹폰트 서비스를 사용한 [SK planet] 홈페이지
(http://www.skplanet.com)

# 폰트에서 사용하는 단위

● 포인트

포인트point는 **글자 크기나 줄 간격을 지정**할 때 많이 사용하는

단위입니다. **1포인트(pt)는 1/72인치**로 약 **0.3514mm**이며

72포인트는 1인치입니다.

포인트는 주조활자의 치수에 사용되었던 단위입니다.


● 파이카

파이카Picas는 **글자 너비나 줄 간격을 표시**할 때 사용하는 단위입니다.

1파이카는 주조활자 시대에서 한 개의 활자 영역을 의미하여

영역에 몇 개의 활자를 넣을 수 있을지 측정하기 위해서

만들어진 것에서 유래되었습니다.

**글자 너비는 12포인트를 1파이카로 기준 삼아 그 크기가 두배이면**

**2파이카, 3배이면 3파이카**라고 상대적인 크기로 설정하고

줄 간격은 1/6인치를 1파이카로 지정하여 크기를 지정합니다.

1인치의 줄 간격은 6파이카가 되는데

이는 6개의 글자를 놓을 수 있는 공간을 의미합니다.

### ● 엠과 엔

엠em과 엔en은 알파벳 M과 N의 발음에서 따온 것으로

글자 너비를 지정할 때 사용하는 단위입니다.

각각의 너비가 다른 글자들이 한 줄에 몇 자 들어갈

수 있는지 측정하는 도구로 사용하기 위해서 만들어졌습니다.

엠은 영문자 중 너비가 가장 넓고 너비와 높이를

같은 영역으로 차지하는 알파벳 'M'을 기준으로 측정하였습니다.

**10em이란 알파벳 M을 10개를 놓을 수 있는 너비**를 의미합니다.


알파벳 'N'은 알파벳 'M'의 너비의 1/2 영역을 차지하는데

영문 대문자 너비의 1/2 크기를 차지하는

**영문 소문자의 글자 너비를 측정할 때 엔 단위**를 사용합니다.


**em은 epub 형식의 전자책 제작 시 글자 크기를 지정**할 때

많이 사용하는데, 이는 글자 크기를 임의로 확대 및 축소할 때

em 단위를 이용하기 때문입니다.

보통 **1em을 기본 글자 크기**로 많이 사용하는데 1em은

**포인트 단위로 변환하면 12pt**입니다.

단위에 따른 크기를 비교해보려면

[PXtoEM] 홈페이지(http://pxtoem.com)를 참조합니다.

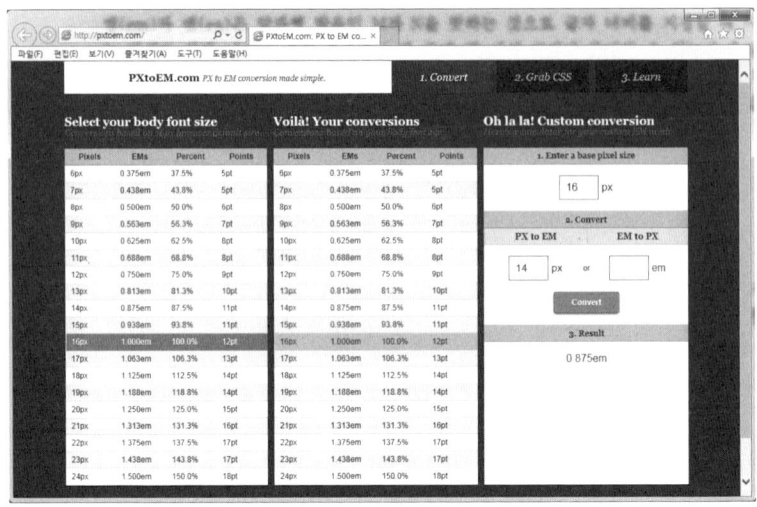

▲ [PXtoEM] 홈페이지(http://pxtoem.com)

## ● 픽셀

픽셀Pixel은 **모니터 액정을 구성하는 가장 작은 점**을 말하는 것으로

**웹 관련 작업 시 새 문서 크기나 영역 크기를 지정**할 때 사용합니다.

모니터는 가로에 배치되어 있는 픽셀수와 세로로 배치되어 있는

픽셀수를 **'가로 픽셀수×세로 픽셀수'로 해상도를 표시**합니다.

예를 들어 1024×768이란 가로로 1024개의 픽셀,

세로로 768개의 픽셀로 구성되어 있음을 알 수 있습니다.

모니터마다 픽셀의 크기와 해상도가 제각기 다르기 때문에

웹디자인 등 결과물이 모니터로 표시되는 작업물을 개발시

문서 크기를 픽셀 크기로 설정해서 작업합니다.

픽셀 단위는 웹 작업 시 문서 크기나 영역 선택 시 사용됩니다.

포토샵에서 새 문서를 만들 때 [Width]와 [Height] 단위를

**픽셀로 바꾸고 [Resolution]을 '72'로 설정**합니다.

### ● 밀리미터

밀리미터(mm)는 상대적인 크기인 픽셀과 다르게

**인쇄물 등 절대적인 크기로 작업을 제작할 때 사용하는 기본 단위**입니다.

포토샵에서 절대 크기로 새 문서를 만들 때

**[Width]와 [Height] 단위를 밀리미터로 바꾸고**

**[Resolution]을 '300'으로 설정**합니다.

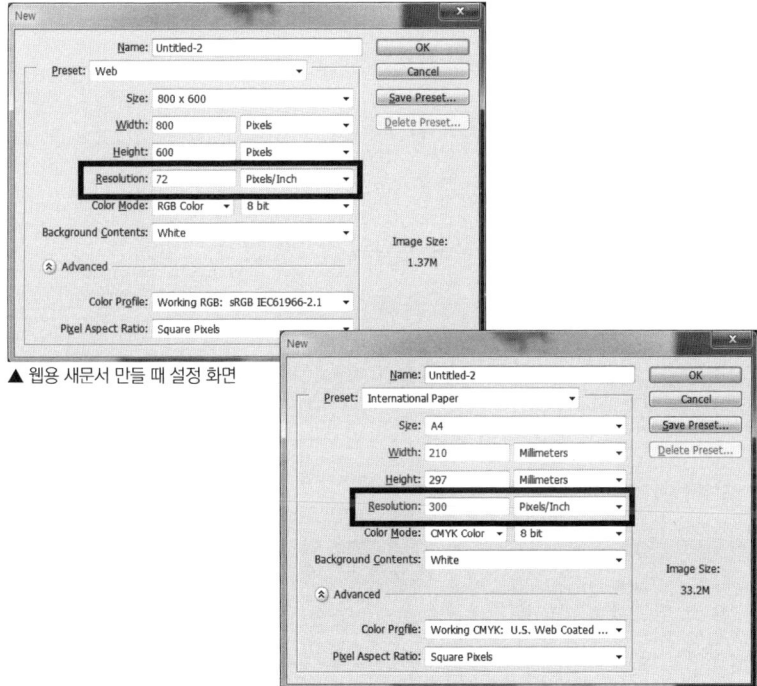

▲ 웹용 새문서 만들 때 설정 화면

▲ 인쇄용 새문서 만들 때 설정 화면

## 13 조합형, 완성형

폰트는 글자의 모양을 배열로 등록해둔 파일로
사용자의 입력을 받아 배열에서 해당 문자를 불러와서
글자를 표현합니다. 이때 글자를 배열하는 방법에 따라
크게 조합형과 완성형으로 나눌 수 있습니다.

### ● 조합형

조합형은 **초성, 중성, 종성의 낱자를 조합**해서
문자를 표현하는 방식으로 문법에 어긋나는 글자 등
다양한 글자를 조합해서 표현할 수 있습니다.
**한글의 창제 원리와 맞으며 폰트 개발이 쉽기 때문**에
한글 표준으로 자리잡기 위한 많은 노력을 하고 있지만
로마자를 표준으로 이용하는 마이크로소프트사 등의
소프트웨어에서 완성형을 표준으로 선택함에 따라
사용에 어려움이 있습니다.

▲ Kopub 폰트의 완성형 문자 영역과 조합형 문자 영역

● 완성형

완성형은 **디자인이 완료된 완전한 글자를 불러와서**

**표시하는 방식**으로 제작되어 있지 않은 글자는

표현할 수 없습니다. **로마자 문자는 모두 완성형**을 이용합니다.


● 한국 문자 코드 표준 KSC 5601

국내에서는 1987년에 국제 표준인 ISO 2022 형식에 맞추어

KSC 5601-87 이름으로 국내 문자 코드를 표준화합니다.

**KSC 5601-87은 완성형으로 한글 2,350자, 영자 94자,**

**한자 4,888자 심볼 986자를 포함하는 형식**으로

초·중·종성의 조합형으로 표현할 수 있는

최대 문자인 11,172자에 크게 못미치어 표현에 문제가 있습니다.

이후 **조합형 문자를 별도로 추가한 KSC 5601-92**를 제정합니다.

KSC 5601-92는 **완성형과 조합형을 이용**하여

한글이 표현할 수 있는 11,172자를 모두 표현할 수 있습니다.


● 유니코드

**유니코드**(ISO.IEC 10646-I)는 국제화의 흐름에 따라

**전세계의 각 언어별로 고유의 문자 코드를**

**지정하는 체계**를 말합니다.

국내에서는 1995년에

**240자의 조합형과 11,172자의 완성형**으로

유니코드 체계에 맞춘 **KSC-5700**을 제정하였습니다.

## <sup>14</sup> 전각, 반각

전각과 반각은 한국, 중국, 일본어의 **아시아권에서**

**문자의 폭 길이에 따라 구분하는 용어**로

서양의 **em, en과 개념이 비슷**합니다.

**전각은 정사각형 문자 영역에 들어가는 문자**이고

**반각은 전각의 반 정도의 폭을 차지하는 문자**를 말합니다.


보통 **한글, 일본어, 중국어는 전각**을 사용하고

**영어, 숫자, 기호는 반각**을 사용합니다.


예를 들어 한글 '가'의 문자 폭은

숫자 '5'의 문자 폭의 두 배가 됩니다.

단, 가변형 문자일 경우 문자마다 폭이 다를 수 있습니다.


컴퓨터에서는

같은 모양의 문자라도 전각과 반각에 따라

다르게 인식됩니다.

**한글 MS 윈도우는 반각을 기본으로 설정**되어 있어서

한글을 입력할 때는 전각으로 변경되다가

영문, 숫자, 기호를 입력할 때는
다시 반각으로 변경됩니다.

만일 전각과 반각을 변환하려면
[전/반자 변환] 기능을 이용하여
전각 또는 반각으로 선택해서
문자를 입력할 수 있습니다.

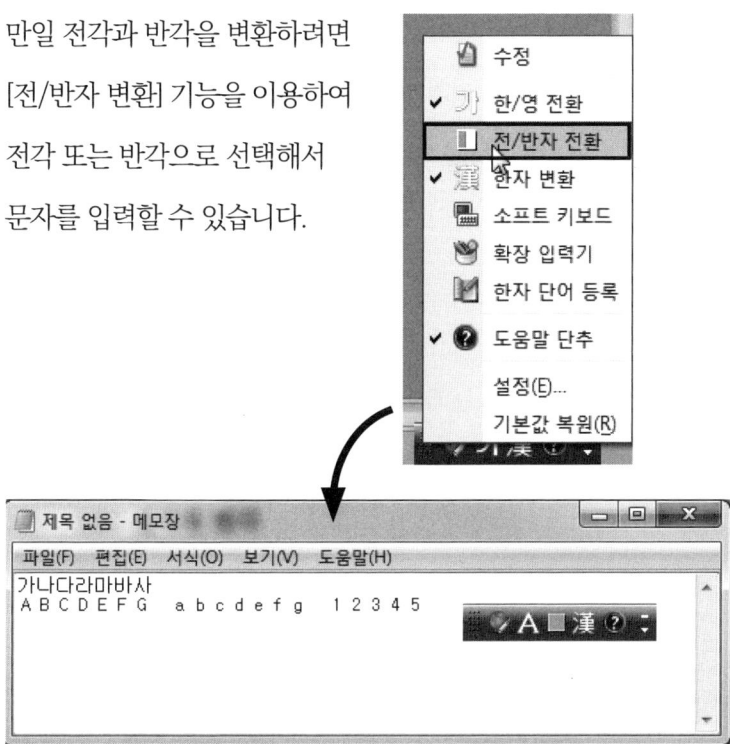

▲ 전각으로 한글, 영문, 숫자를 입력한 경우. 반각을 사용하는 영문과 숫자는 전각으로
입력되어 간격이 넓게 떨어져서 표시됩니다.

# 가독성, 주목성

**가독성이 우수하다는 말은 읽기 편하다는 의미**입니다.
인쇄물에서는 **명조체, 세리프체**가 가독성이 우수하기 때문에
신문이나 도서의 본문에 많이 사용하여 **본문 서체**라고
부르기도 합니다.

**주목성이 우수하다는 말은 눈에 잘 띄는 것을 의미**합니다.
인쇄물에서는 명조체와 세리프체보다
**고딕체, 산세리프체**가 주목성이 우수하여
보통 헤드라인 제목 등에 많이 사용되어
**제목 서체**라고 부르기도 합니다.

**웹 환경**에서는 모니터가 인쇄물처럼 입자가 작지 않기 때문에
가독성과 주목성이 우수한 글꼴이 다릅니다.
삐침 등 곡선이 많은 명조체나 세리프체를 글자 크기가
작은 본문에 사용할 경우 선명하기보다 뿌옇게 보여
고딕체, 산세리프체보다 가독성이 떨어집니다.
그래서 보통 **웹 환경에서 본문 서체는 고딕체, 산세리프체**를
많이 사용합니다.

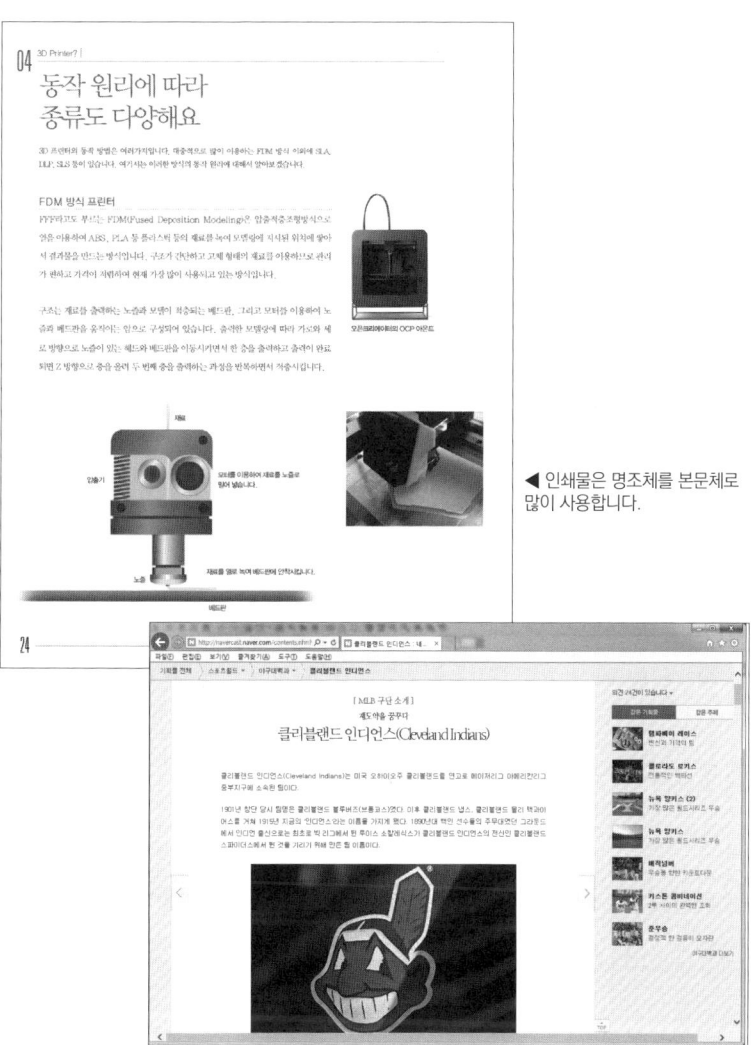

04 3D Printer?

# 동작 원리에 따라
# 종류도 다양해요

3D 프린터의 출력 방법은 여러가지입니다. 대중적으로 많이 이용하는 FDM 방식 이외에 SLA, DLP, SLS 등이 있습니다. 여기서는 이러한 방식의 동작 원리에 대해서 알아보겠습니다.

## FDM 방식 프린터

FFF라고도 부르는 FDM(Fused Deposition Modeling)은 압출적층조형방식으로 열을 이용하여 ABS, PLA 등 플라스틱 등의 재료를 녹여 모델링에 지시된 위치에 쌓아서 결과물을 만드는 방식입니다. 구조가 간단하고 고체 형태의 재료를 이용하므로 관리가 편하고 가격이 저렴하여 현재 가장 많이 사용되고 있는 방식입니다.

구조는 재료를 출력하는 노즐과 모델이 적층되는 베드판, 그리고 모터를 이용하여 노즐과 베드판을 움직이는 암으로 구성되어 있습니다. 출력한 모델링에 따라 가로와 세로 방향으로 노즐이 있는 헤드와 베드판을 이동시키면서 한 층을 출력하고 출력이 완료되면 Z 방향으로 층을 올려 두 번째 층을 출력하는 과정을 반복하면서 적층시킵니다.

▶ 인쇄물은 명조체를 본문체로
많이 사용합니다.

[ MLB 구단 소개 ]
레드맨을 꿈꾸다
클리블랜드 인디언스(Cleveland Indians)

▲ 웹페이지는 고딕체를 본문체로 많이 사용합니다.

## 한글 폰트의 거장, 최정호
(1916~1988)

한글 폰트의 정신이신 최정호는

1957년 동아출판사의 의뢰로 우리나라 최초로

서체 원도를 제작하였습니다.

이전에는 사람이 일일이 손으로 조각을 하여 활자를 만들었기

때문에 서체 크기에 따라 정교한 활자를 만들 수 없었지만

원도 활자는 자, 컴퍼스 등의 레터링 도구를 이용하여

글자 하나하나 도안한 후 도안을 바탕으로 조각기를

이용하여 활자를 만들기 때문에 정교한 활자를 만들 수 있었습니다.

이후 장체, 평체, 사체 등의 변형이 가능한 사진식자 방식의

활자 시대가 들어 온 후 1972년 다양한 두께의 명조체, 고딕체와

굴림체, 그래픽체, 공작체 등의 글꼴을 설계하였습니다.

타계하기 전에 완성한 최정호체까지 평생을 한글의 서체를

위해 힘쓰신 분입니다.

사진식자에 사용된 최정호의 활자는

디지털 폰트로 개발하여 현재까지도 본문체로 사랑을 받고 있는

SM 명조체로도 재탄생되는 등

최정호의 서체는 한글 폰트의 정신으로

자리잡고 있습니다.

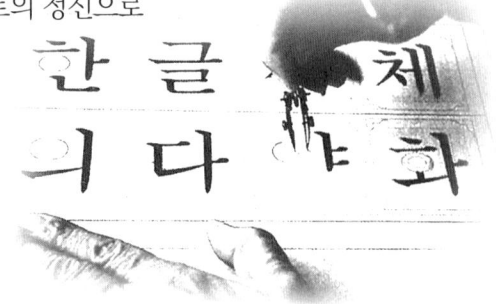

003

font STYLE

# 글자 간격 조절 |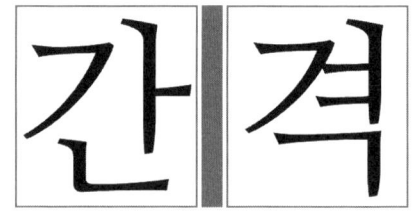

---

## ● 글자 간격 조절

글자 간격은 글자의 가운데부터 다음 글자의 가운데까지의

거리를 말하는 것으로 **자간** letter-spacing 또는

**트랙킹** Tracking 이라고 부릅니다.

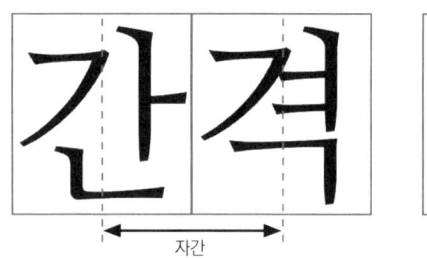

활자를 이용할 때는 1pt 크기의 놋쇠로 된 막대를

활자 사이에 끼워 글자 간격을 조절했습니다.

놋쇠의 크기는 1pt 이외에 1/2pt, 1/4pt 크기를 이용하여

다양한 크기로 자간을 조절하였습니다.


디지털 활자는 **유니트**Unit 단위를 이용하여 간격을 조절합니다.

유니트는 한글 한 글자의 크기인 전각em 을 지정된 수만큼

나눈 크기를 말합니다.

그래픽 편집 프로그램에서도 자간을 조절할 때

유니트는 1/n로 나눈 길이

유니트 단위를 사용하는데

인디자인 등 어도비 그래픽 프로그램은

[문자 : Character] 패널의 **AV** [자간 : Tracking] 항목에서

**1em을 1000unit**으로 나눈 크기를

자간으로 지정합니다.

----------------------------------------------------------------

자간 또는 트랙킹은 글자의 가운데부터 다음 글자의 가운데까지의 거리를 말합니다.

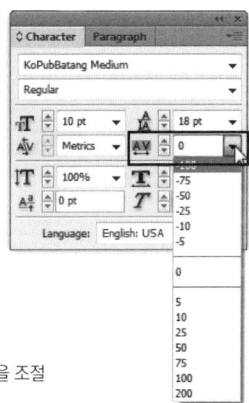

▲ [Tracking] 값을 200으로 설정하면 200/1000 em 크기로 글자 간격을 조절하는 것을 의미합니다.

## ● 단어 간격 조절

스페이스 키를 누르면 벌어지는

단어 간의 간격을 조절하는 것을 말합니다.

스페이스 간격은 보통 **1/3em 크기로 적당하게 조절**되지만

임의로 간격을 조절해야 할 경우

**[로마자 균등 배치 : Justification]** 기능을 이용합니다.

이 기능은 **단어 간격을 최소, 권장, 최대 크기의 값을**

**설정하여 단어별로 상황에 맞게 단어 간격을 조절**해줍니다.


실행 방법은 포토샵, 일러스트레이터, 인디자인에서

[단락 : Paragraph] 패널을 연 후 옵션 버튼을 클릭하고

**[로마자 균등 배치 : Justification]**을  선택합니다.

**[단어 간격 : Word Spacing]** 항목에서

단어별에 따른 최소의 간격, 일반적인 간격, 가장 넓을 때의 간격을

최소값, 권장값, 최대값 항목에 입력해서 조절합니다.

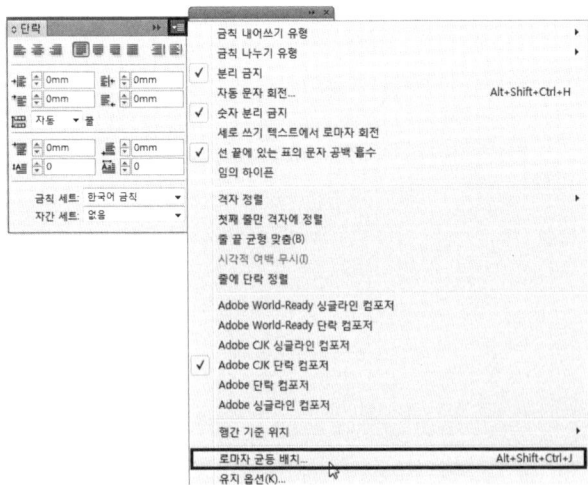

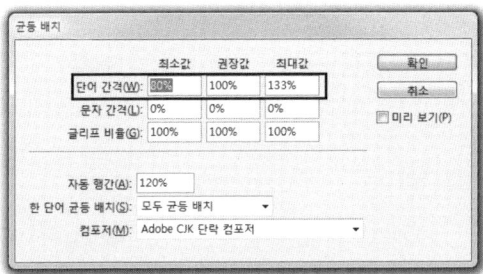

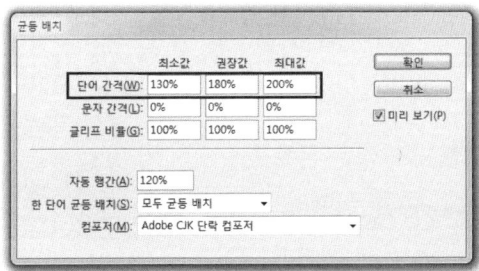

# 02

# 커닝 조절 |

글자마다 글자가 차지하는 공간이 다르기 때문에

동일하게 글자 간격을 설정해도

시각적으로 특정 단어는 간격이 다르게 보입니다.

알파벳 A, T, V, Y 등 글자 영역에서 글자가 차지하는 영역이

다른 글자와 차이가 많이 나는 글자들의 글자 간격을

임의로 조절하는 것이 **커닝**Kerning입니다.


잘 만들어진 폰트는 글자 조합에 따른 글자 간격을 조절하는

**커닝 페어**Kerning Pairs 작업이 설정되어 있어서

사용자가 별도의 커닝을 설정하지 않아도 되지만

커닝 페어가 설정되지 않은 폰트를 이용하거나

사용자가 임의로 간격을 조절하고 싶은 경우 커닝값을 조절합니다.

AV We ◀ 커닝을 안한 경우

AV We ◀ 커닝을 적용한 경우

커닝을 조절하려면

[문자 : Character] 패널에서 옵션을 설정합니다.

_ 0 : 커닝을 사용하지 않음

_ **매트릭 : Metrics** : 폰트에서 지정된
커닝 페어를 사용

_ **시각적 : Optical** : 폰트에 지정된 커닝
페어를 무시하고 해당 프로그램에서
임의적으로 커닝을 조절

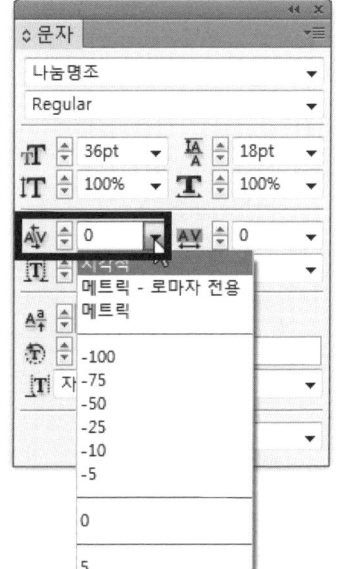

# ToLAVE
◀ 커닝값을 '0'으로 지정
커닝값을 사용하지 않음

# ToLAVE
◀ 커닝값을 [시각적:Optical]으로 지정
프로그램에서 임의로 커닐을 설정

# ToLAVE
◀ 커닝값을 [매트릭-로마자 적용:Metirics]
으로 지정. 폰트에 사용된 커닝 페어값 지정

▲ 간격이 넓게 보이는 'To'자와 'AV'자의 글자 간격이 커닝값을 [매트릭-로마자 적용:Metirics] 또는 [시각적:Optical]으로 지정할 때 간격이 좁아 집니다.

적합한 커닝으로 잘 조절하려면

글자를 많이 보고 가장 안정적인 간격을 스스로 찾아내는

연습을 해야 합니다.


다음 사이트는 커닝 연습을 할 수 있는 게임입니다.

이 게임을 통해 적절한 커닝을 맞추는 능력을

향상시킬 수 있습니다.

**[Kern Type] 홈페이지(http://type.method.ac)**에 접속한 다음

화면에 표시되는 단어를 마우스로 드래그해서 적당한 간격을

맞춘 후 [Compare] 버튼을 클릭하면 적합한 간격을 알려주고

정확도를 점수로 표시해 줍니다.

# 03 아시아권 폰트를 위한 자간 설정

일러스트레이터의 [문자 : Charater] 패널에는

전각 문자를 이용하는 한글, 일본, 중국어 사용자를 위한

글자 간격을 조절하는 옵션들이 있습니다.

글자 간격을 좁혀주는 **[비율 간격 : Tsume]**,

글자 간격을 넓혀주는 **[문자 앞/뒤 간격 : Insert Aki]**를 이용하면

보다 편리하게 글자 간격을 조절할 수 있습니다.

　[비율 간격 : Tsume]은 글자 영역에서 글자가 없는

**좌우의 빈 영역의 공간을 줄여줍니다.**

특히 가변형이 아닌 고정형 글자를 이용할 때

글자 영역이 너무 넓은 글자의 폭을 줄일 때

이용하면 편리합니다.

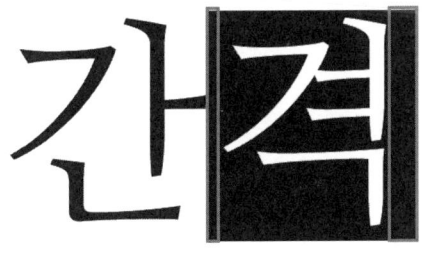

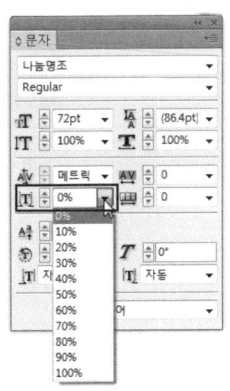

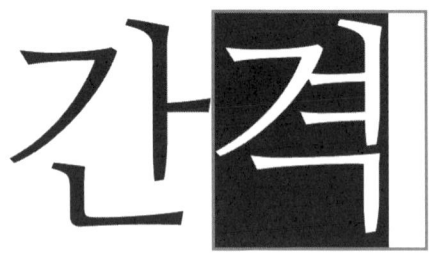

◀ [비율 간격:Tsume]을 80%로 조절한 경우.
글자 좌우의 빈 공간이 줄어들어 '격' 글자가 왼
쪽으로 정렬되었습니다.

[T] [문자 앞 간격 : Insert Aki(left)],

[T] [문자 뒤 간격 : Insert Aki(right)]는

**글자 영역에서 왼쪽과 오른쪽의 빈 공간을 늘려 주는 옵션**입니다.

특정 글자의 간격을 임의로 늘리고 싶을 때 이용합니다.

단위는 em으로 8부는 1/8em, 4부는 1/4em을 말합니다.

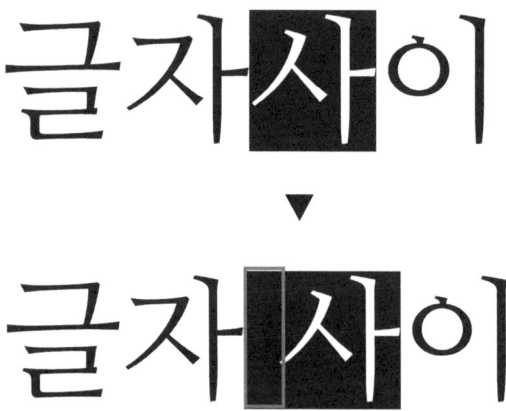

▲ [문자 앞 간격:Insert Aki(left)]을 4부로 설정한 경우 글자 앞부분에 글자의 1/4 크기의 공간이
만들어 졌습니다.

# 정렬 기준 설정

## ● 정렬 기준

높낮이가 다른 글자들을 수직 방향으로 정렬하거나

글자의 줄 간격을 지정하거나

격자에 글자를 정렬할 때

글자에 어디를 기준으로 정렬할지 기준이 필요합니다.

**영문은 보통 글자의 베이스라인에 맞추어 정렬**하지만

한글은 보다 다양합니다.

문자가 차지하는 영역인 **ICF** Ideographic Character Face와

글자와 글자끼리 서로 붙지 않도록 바깥쪽 테두리 영역을 가지는

**전각 상자 영역**이 있는데 이 영역의 기준선들에

글자를 정렬할 수 있습니다.

## ● CJK 컴포저

한글은 기준점을 변경하려면

[단락] 패널의 **[금칙 세트]**를 **[한국어 금칙]으로 변경**하거나

옵션에서 **[Adobe CJK 컴포저]**를 선택 합니다.

**CJK는 중국China, 일본Japan, 한국Korea**를 말하는 것으로

동양권의 글자의 기준점을 변경할 수 있도록 해줍니다.

컴포저는 줄바꿈 검토 위치에 따라

싱글라인과 단락으로 구분되는데

**싱글라인 컴포저는 각 행에 대해서 줄바꿈 환경을 조절**하고

**단락 컴포저는 문단별로 줄바꿈을 조절**합니다.

문단의 텍스트가 추가되거나 수정될 경우

단락 컴포저는 전체 문단을 중심으로 줄바꿈을 다시 설정하지만

싱글라인은 수정된 행에 대해서만 줄바꿈을 설정합니다.

CJK 컴포저 기능은 **Adobe 인디자인 한글판에만 지원**됩니다.

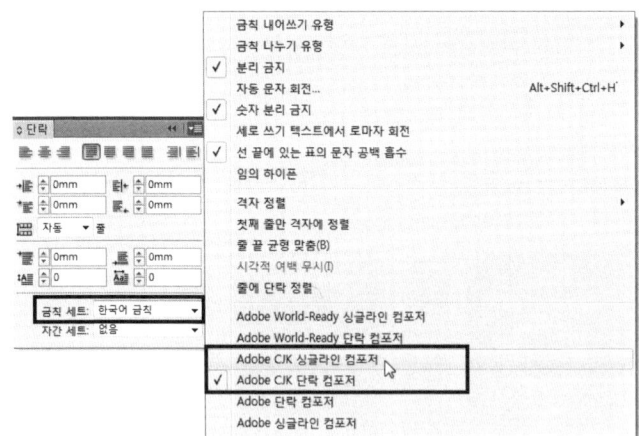

## ● 격자 정렬

CJK 컴포저를 설정했으면 정렬 기준을 변경할 수 있습니다.

격자에 글자 정렬 위치를 변경하려면

**[단락 : Paragraph] 패널 옵션의 [격자 정렬]**에서

기준점을 변경할 수 있습니다.

격자는 글자를 지정된 선에 맞추도록 해주는

기준선으로 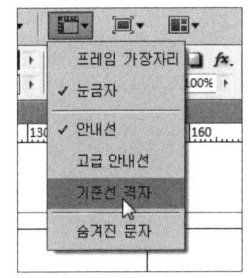 버튼을 누르고

[기준선 격자]를 눌러 표시할 수 있습니다.

격자 정렬에서 설정한 기준에 맞게

글자가 정렬되는 것을 볼 수 있습니다.

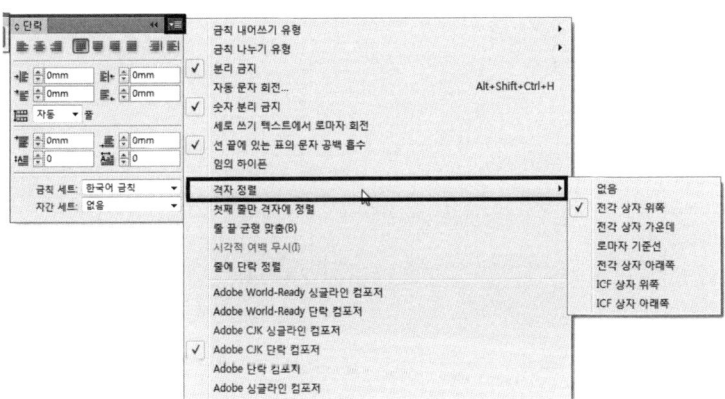

오큘러스 리프트는 Head Mounted Display, 즉 사용자가 머리에 장착하면 사용자의 눈앞에 직접 영상을 제시해 주는 디스플레이 장치다.

▲ [전각 상자 위쪽] 정렬

오큘러스 리프트는 Head Mounted Display, 즉 사용자가 머리에 장착하면 사용자의 눈앞에 직접 영상을 제시해 주는 디스플레이 장치다.

▲ [전각 상자 가운데] 정렬

## ● 문자 정렬

글자의 정렬 위치를 변경하려면

**[문자 : Character] 패널 옵션의 [문자 정렬]**에서

기준점을 변경합니다.

글자 크기가 다른 텍스트가 입력되어 있는 경우

문자 정렬에 따라 줄 간격에도 영향을 끼칩니다.

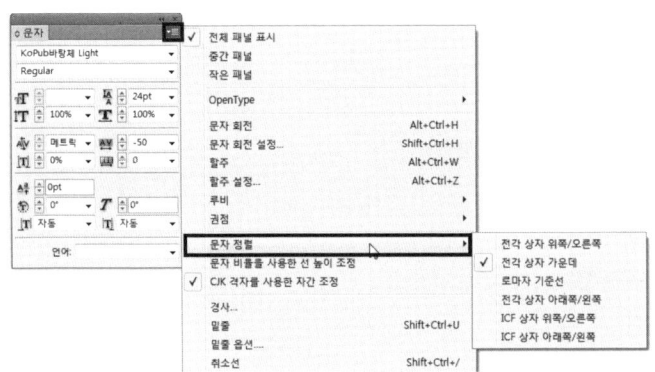

가상환경재생장치인 오큘러스 리프트
는 HMD, 즉 사용자가 머리에
장착하면 사용자의 눈앞에 직접 영상
을 제시해 주는 디스플레이 장치다.

▲ [전각 상자 가운데] 정렬

가상환경재생장치인 오큘러스 리프트
는 HMD, 즉 사용자가 머리에
장착하면 사용자의 눈앞에 직접 영상
을 제시해 주는 디스플레이 장치다.

▲ [전각 상자 위쪽/오른쪽] 정렬

▲ [문자 정렬]은 각 문자를 지정한 정렬 기준에 맞추어 글자를 배치합니다. 특히 글자 크기가 다른 문자들이 나열되어 있는 경우 [문자 정렬]을 [전각 상자 가운데]로 정렬해야만 줄 간격이 동일하게 설정할 수 있습니다.

# 줄 간격 조절 |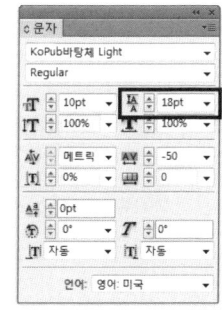

**글자와 다음 줄의 글자까지의 거리**를

**줄 간격** 또는 **행 간격**, 줄여서 **줄간, 행간**이라고 부릅니다.

가상환경재생장치인 오큘러스 리프트는 Head
Mounted Display, 즉 사용자가 머리에 장착하면
사용자의 눈앞에 직접 영상을 제시해 주는 디스플
레이 장치다.

활자 조판에서 **리드**lead라고 하는 금속막대로

글줄 사이를 조절하였는데 이것이 유래되어

지금도 줄 간격을 **리딩**leading이라고 부릅니다.

줄 간격은 [문자 : Character] 패널에서  [Leading] 항목에

조질힐 줄 간격을 **pt 단위**를 이용하여 설정합니다.

줄 간격은 **글꼴 모양과 크기, 글자의 자간 설정**에 따라

느낌이 달라지므로 **상대적으로 알맞게 조절**해주어야 합니다.

줄 간격은 글자 크기에 비해 좁으면 모래알처럼 보이고

너무 넓으면 자연스러운 느낌이 떨어 집니다.

**보통 글자 크기의 약 1.5배 정도로**

줄간격을 설정하는 것이 좋습니다.

글자 크기가 10pt인 경우 줄 간격을 12pt, 18pt, 24pt로

설정했을 때 가독성에 어떤 영향을 끼치는지 살펴보겠습니다.

-------------------------------------------------

가상환경재생장치인 오큘러스 리프트는 Head
Mounted Display, 즉 사용자가 머리에 장착하면
사용자의 눈앞에 직접 영상을 제시해 주는 디스플
레이 장치다.

-------------------------------------------------
▲ 줄 간격을 12pt로 설정한 경우 줄간격이 좁아 줄 구분이 잘 되지 않아 가독성이 떨어집니다.

가상환경재생장치인 오큘러스 리프트는 Head

Mounted Display, 즉 사용자가 머리에 장착하면

사용자의 눈앞에 직접 영상을 제시해 주는 디스플

레이 장치다.

-------------------------------------------------
▲ 줄 간격을 18pt로 늘릴 경우 줄이 잘 구분되어 보여 가독성이 좋아집니다.

가상환경재생장치인 오큘러스 리프트는 Head

Mounted Display, 즉 사용자가 머리에 장착하면

사용자의 눈앞에 직접 영상을 제시해 주는 디스플

레이 장치다.

-------------------------------------------------
▲ 줄 간격을 너무 크게 설정하면 줄 간격이 벌어져 오히려 가독성이 떨어집니다.

# 장평 조절 | T

폰트 중 기본 폰트를 중심으로

글자의 **너비를 넓히거나 좁힌 폰트를 장체**라고 하고

반대로 글자의 **높이를 높이거나 좁힌 폰트를 평체**라고 합니다.

흔히 글자의 너비와 높이 조절을 통합해서 **장평**이라고 합니다.

[문자 : Character] 패널의 **T** [**가로 비율 : Horizontal Scale**] 옵션에서

글자 너비를 조절할 수 있습니다.

설정값은 보통 크기를 **100%로 기준으로**

**상대적인 크기를 백분율로 설정**합니다.

100%보다 크게 설정하면 가로 폭이

늘어나고, 작게 설정하면 폭이 좁아집니다.

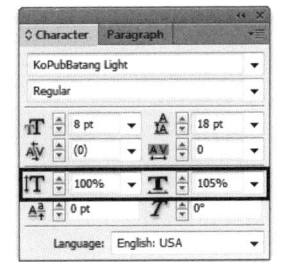

글자의 높이는 **IT** [**세로 비율 : Vertical Scale**] 옵션을 이용하여

조절할 수 있습니다.

장평을 어떻게 설정하는가에 따라 가독성에 영향을 끼치기도 하고

편집상 유용하게 이용할 수도 있습니다.

아주 좁은      좁은      보통      넓은      아주 넓은

▲ 폰트에서 장체는 보통 **아주 좁은**Condensed, **좁은**Narrow, **보통**Normal, **넓은**Wide, **아주 넓은**extended으로 구분할 수 있습니다.

보통 [Horizontal Scale]의 값을 90% 이하, 110% 이상으로

설정하면 글꼴의 왜곡이 심하게 발생되므로

가독성보다 주목성을 높이는 경우가 아니면

특별한 경우 사용하지 않습니다.

[Horizontal Scale]의 값을 95%~105% 정도로

장평을 조금 조절한 경우

원래의 형태와 큰 영향을 끼치지 않으면서

글자 영역을 조절할 수 있습니다.

글자 간격을 좁혀 가독성을 높이거나

문단에서 글자가 조금 넘쳐서

내용을 앞으로 당기고 싶은 경우

[Horizontal Scale]의 값을 줄여서 사용합니다.

-----------------------------------------------------

　킥스타터에서의 펀딩을 통해 세상에 나온 브래들리 타임피스라
는 이름으로 나온 이 시계는 보통의 시계와는 어딘지 달라 보인다.
처음 보기엔 그저 기발한 아이디어 상품들 중 하나 같다는 생각이
든다.

　킥스타터에서의 펀딩을 통해 세상에 나온 브래들리 타임피스라는
이름으로 나온 이 시계는 보통의 시계와는 어딘지 달라 보인다. 처음
보기엔 그저 기발한 아이디어 상품들 중 하나 같다는 생각이 든다.

-----------------------------------------------------

▲ 글자 너비를 98%로 줄였더니 글자 간격을 좁고 줄 수도 줄어 들었습니다.

# 07 문단 정렬  |  ⚓

문단 정렬은 [Enter] 키를 눌러 줄을 바꾸어서 나눈

문단의 내용을 특정 방향으로 정렬하는 것을 말합니다.

어도비 그래픽 프로그램은 [단락 : Paragraph] 패널에서

문단 정렬을 할 수 있습니다.

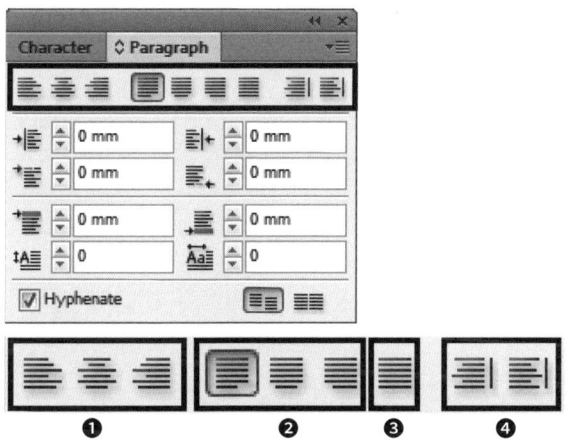

❶ 짧은 글을 정렬할 때 많이 사용하는 정렬 방법으로 문단의 글을

왼쪽, 가운데, 오른쪽 방향으로 정렬합니다. 이때 정렬하는 방향의

반대쪽 끝 부분은 불규칙하게 보입니다.

❷ **균등 정렬**은 여러 줄을 가지고 있는 문단을 정렬할 때 많이 사용하는 정렬 방법으로 문단의 좌우의 라인에 맞추어 글자를 정렬합니다. 왼쪽, 가운데, 오른쪽 균등 정렬은 마지막 줄을 왼쪽, 가운데, 오른쪽으로 정렬합니다. 일반적으로 **왼쪽 균등 정렬을 많이 이용**합니다.

❸ **양쪽 균등 정렬**은 문단 영역의 좌우 라인에 맞추어서 글자의 간격을 조절해서 정렬하는 방식입니다. 글상자 영역에 맞게 정렬하므로 글은 매우 깨끗하게 정렬되지만 **줄마다 글자 간격이 불규칙**해집니다.

킥스타터에서의 펀딩을 통해 세상에 나온 브래들리 타임피스라는 이름으로 나온 이 시계는 보통의 시계와는 어딘지 달라 보인다. 처음 보기엔 그저 기발한 아이디어 상품들 중 하나 같다는 생각이 든다.　　　　　　　◀ 왼쪽 정렬

킥스타터에서의 펀딩을 통해 세상에 나온 브래들리 타임피스라는 이름으로 나온 이 시계는 보통의 시계와는 어딘지 달라 보인다. 처음 보기엔 그저 기발한 아이디어 상품들 중 하나 같다는 생각이 든다.　　　　　　　◀ 왼쪽 균등 정렬

킥스타터에서의 펀딩을 통해 세상에 나온 브래들리 타임피스라는 이름으로 나온 이 시계는 보통의 시계와는 어딘지 달라 보인다. 처음 보기엔 그저 기발한 아이디어 상품들 중 하나 같다는 생각이 든다.　　　　　　　◀ 양쪽 균등 정렬

❹ **책등 정렬**은 펼침면으로 문서를 작성할 때

**책등이 있는 가운데 위치를 중심으로 정렬하는 방식**입니다.

[Align towards spine]은 책등을 향해 정렬선을

맞추는 방식이고, [Aline away from spine]은

책등 반대 방향으로 정렬선을 맞추는 방식입니다.

이 정렬 방식은 펼침면으로 문서를 작성할 때

내용이 왼쪽면에서 오른쪽면으로 이동할 경우에도

지정한 책등 방향 중심으로 자동으로 정렬됩니다.

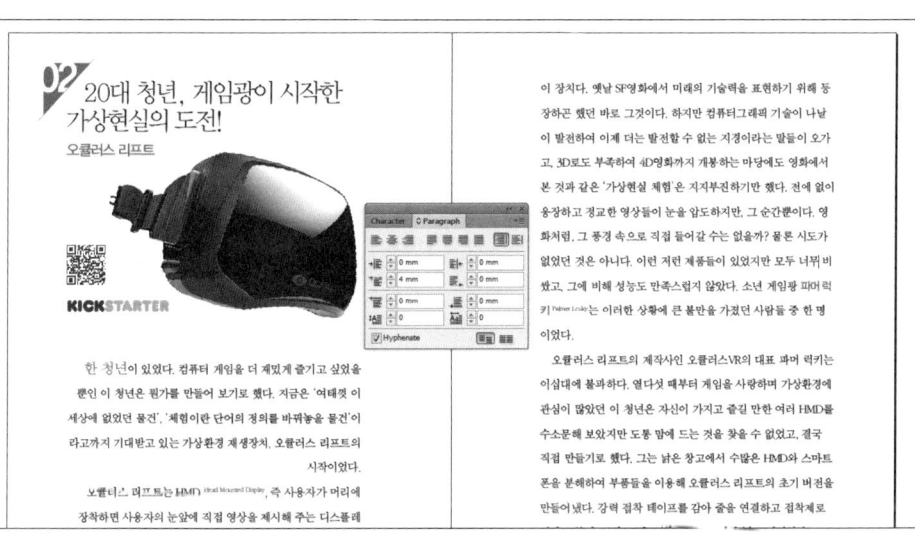

▲ 문단을 [Align towards spine]으로 정렬한 경우 왼쪽 문단과 오른쪽 문단 모드 가운데 부분을 중심으로 정렬됩니다.

## <sup>08</sup> 들여쓰기 │ **T**

**들여쓰기** <small>indent</small>는 문단 영역에서

**지정된 간격만큼 안쪽으로 넣어주는 기능**입니다.

글 상자의 좌우에 빈 공간을 만들거나

문단과 문단 사이의 간격 조절 또는 문단에서

첫 줄을 들여 넣을 때 많이 사용합니다.

[단락 : Paragraph] 패널에서 들여쓰기를 이용할 수 있으며

각 옵션의 위치는 다음과 같습니다.

그 뒤 투자 유치에도 성공하여 게
임 개발자를 위한 오큘러스 리프트 개
발자 킷을 내놓는 데까지도 성공했다.

**❹**

**❸** ►이어서 2014년 3월에는 신생 기
**❶** 업으로선 파격적인 20억 달러에 페이 **❷**
스북에 인수되었다.

**❺**

그들은 SNS를 통해 틈틈이 팬들
과 소통하며 이제 장기적인 앞날을 모
색하고 있다.

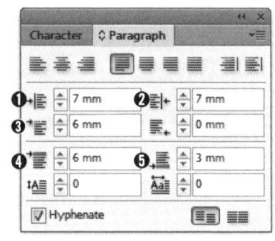

# 09

# 글자 모양 변경 |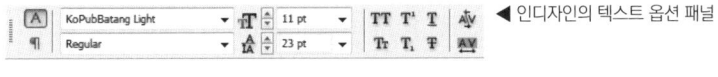

인디자인에서 글자를 윗첨자, 아랫첨자, 밑줄 표시 등

글자 모양을 변경하려면 글자를 선택하면 표시되는

텍스트 옵션 패널의 도구를 이용하거나

[문자 : Character] 패널의 옵션 버튼을 클릭하면

나타나는 메뉴에서 해당 옵션을 선택합니다.

포토샵이나 일러스트레이터는 [문자 : Character] 패널에서

해당 도구 버튼을 클릭해서 변경할 수 있습니다.

◀ 인디자인의 텍스트 옵션 패널

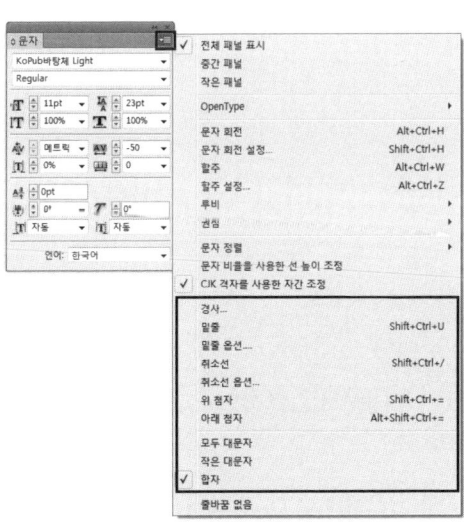

▲ 인디자인의 [Character] 패널

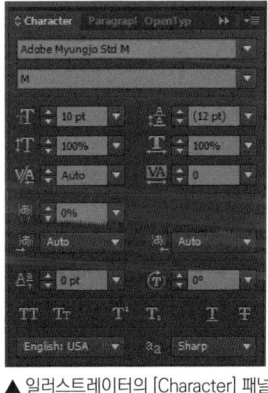

▲ 일러스트레이터의 [Character] 패널

**T¹ 위 첨자 : Superscript** : 글자의 상단 기준선에 작은 크기의 글자를 배치하는 **위첨자** 글자를 만듭니다. 단어에 대한 **부연 설명**을 달 경우에 많이 사용합니다.

# HMD Head Mounted Display

**T₁ 아래 첨자 : Subscript** : 글자의 하단 기준선에 작은 크기의 글자를 배치하는 **아래첨자** 글자를 만듭니다. Superscript처럼 부연 설명할 때 이용합니다. 단, 하단 기준선 밑에 글자가 표시되므로 문단에서 사용시 다음 줄 간격에 영향을 끼치므로 사용에 주의해야 합니다.

# HMD Head Mounted Display

**TT 모두 대문자 : All cap** : 영문에 사용하는 기능으로 글자를 **모두 대문자**로 표시합니다.

# HMD HEAD MOUNTED DISPLAY

**Tᴛ 작은 대문자 Small cap** : 영문에 사용하는 기능으로 대문자를 제외하고 **소문자를 모두 작은 크기의 대문자로 변경**합니다.

# HMD HEAD MOUNTED DISPLAY

**T** **취소선 : Strikethrough** : 글자 중앙에 선을 표시합니다. 취소선의 위치와 선의 굵기를 변경하고 싶다면 [문자 : Character] 패널의 옵션 메뉴에서 [취소선 옵션 : Strikethrough Options] 메뉴를 실행해서 속성을 변경할 수 있습니다.

## HMD ~~Head Mounted Display~~

**T** **밑줄 : Underline** : 글자 밑에 줄을 표시합니다. 밑줄의 위치와 선의 굵기를 변경하고 싶다면 [문자 : Character] 패널의 옵션 메뉴에서 [밑줄 옵션 : Underline Options] 메뉴를 실행해서 속성을 변경할 수 있습니다.

## HMD <u>Head Mounted Display</u>

# 10

# 글자 기준선 조절 | ᴬ⁺

글자가 정렬되어 있는 기준선을 중심으로

**위쪽 또는 아래쪽으로 수직 방향으로**

**기준선 위치를 조절**할 수 있습니다.

만일 글자의 기준선을 변경하려면

[문자 : Character] 패널에 있는

ᴬ⁺ **[기준선 이동 : Baseline Shift] 옵션**을 이용합니다.

---

조이패드 *Joystick* 를 쥐고 게임을 하는 아이들의 모습을 쉽게 떠올릴 수 있을 것이다.

▲ [Baseline shift]를 5pt로 설정하면 선택한 글자가 기준선 위로 5pt 만큼 위로 이동됩니다.

조이패드 *Joystick* 를 쥐고 게임을 하는 아이들의 모습을 쉽게 떠올릴 수 있을 것이다.

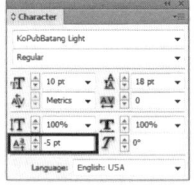

▲ [Baseline shift]를 -5pt로 설정하면 선택한 글자가 기준선 아래로 5pt 만큼 아래로 이동됩니다.

# 11 안티 앨리어스 |

비트맵Bitmap은 정사각형 모양의 픽셀Pixel을 이용하여
모양을 그리므로 곡선 부분은 계단층이 생기게 됩니다.
이러한 현상을 **앨리어스**Alias라고 부릅니다.

곡선을 부드럽게 처리하기 위해서 픽셀 사이의 빈 공간에
중간색으로 채워 부드럽게 곡선으로 처리하는 기능을
**안티 앨리어스**Anti-alias 라고 합니다.

벡터 방식을 이용하는 일러스트레이터나 인디자인에서
안티앨리어스를 적용하지 않아도 되지만
비트맵 방식을 이용하는 포토샵은
글자에 안티앨리어스를 설정해주어야 합니다.
글자의 안티앨리어스는 [문자 : Character] 패널의
**[Set the Anti-aliasing method]** 옵션에서
안티앨리어스를 조절하여 층이 생기는 문제를 조절할 수 있는데
설정값은 None, Sharp, Crap, Strong으로
**Sharp, Crap, Strong 순으로 안티앨리어스가 강하게 적용**되어
곡선이 부드럽게 처리되고

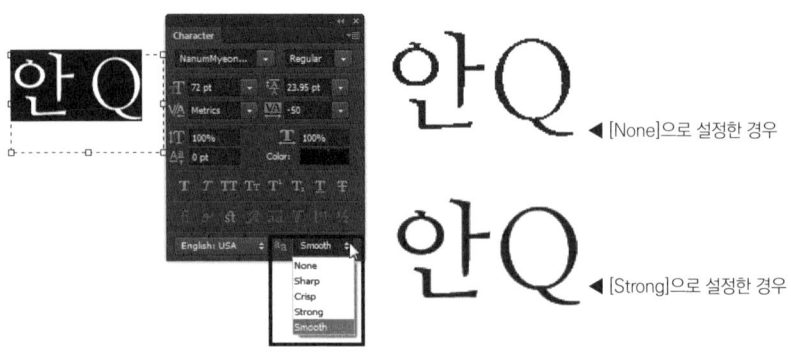

안티앨리어스를 사용하지 않으려면 [None]을 선택합니다.

특별한 경우가 아니라면 안티앨리어스를 적용하지만

**웹디자인시 작은 글자로 타이포를 할 경우**에는

**안티앨리어스를 이용하지 않는 것**이 좋습니다.

폰트 크기가 작아지면 안티앨리어스 작용시

글자가 뭉개보여 가독성이 떨어져 보이기 때문입니다.

MY 뉴스 설정하고 네이버 홈에서 기사를 바로 확인하세요

MY 뉴스 설정하고 네이버 홈에서 기사를 바로 확인하세요

▲ 작은 글자인 경우 안티앨리어스를 이용하지 않은 글자가 가독성이 좋습니다.

# <sup>12</sup> 글리프

**글리프**<sup>Glyph</sup>란 글꼴에서 제공하는

글자 하나하나의 단위를 말합니다.

[창 : Windows]-[문자 및 표 : Type]-[Glyphs] 메뉴를 클릭해서

[Glyphs] 패널을 열면 선택한 글꼴로 입력할 수 있는

모든 문자를 확인할 수 있습니다. 문자들은 영문, 한글,

숫자 뿐만 아니라 기호, 아이콘, 옛체 등 다양합니다.

목록에서 사용하고 싶은 문자를 더블 클릭해서 입력할 수

있습니다. 문자 하단에 삼각형 아이콘이 표시되어 있는

문자들이 있는데 이 문자를 길게 누르면 글꼴마다 지원하는

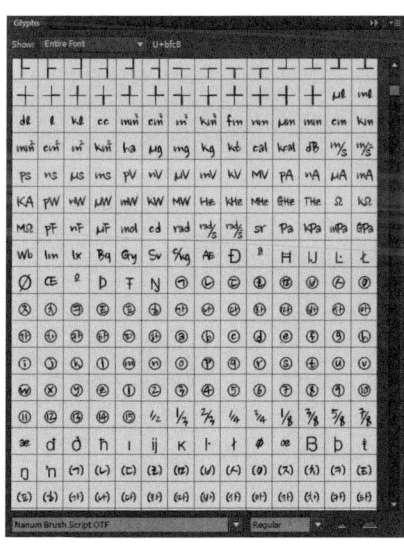

**107**

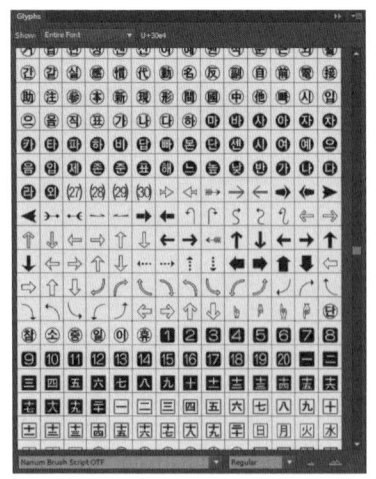
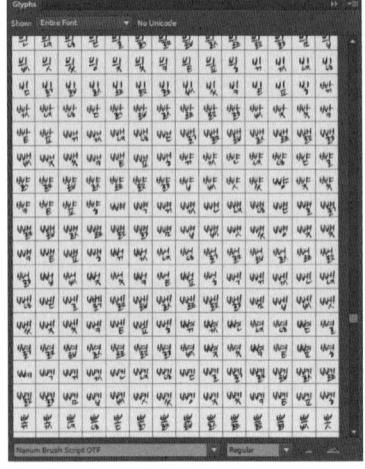

문자들이 다를 수 있습니다.

어떤 글꼴은 같은 문자이면서도 다른 모양의 문자를

여러 개 지원하는 경우도 있는데

이러한 문자를 **멀티 글리프**라고 합니다.

멀티 글리프를 제공하는 나눔 펜글씨 글꼴은 '나', '아', '다' 와

같은 문자의 글리프를 이용하여 획이 긴 모양의 글꼴도

이용할 수 있습니다.

004

font FACE

# 폰트 저작권

폰트는 수많은 디자이너가 많은 시간과 노력을 투자하여 만든

저작물로서 저작권 보호를 받습니다.

**PC에 폰트 데이터로 저장되어 있는**

**폰트 파일은 저작권의 보호 대상입니다.**

**허가 없이 폰트 데이터를 다운로드 받거나 배포하는 행위는**

**저작권 침해**에 해당하므로 출처를 알 수 없는 곳에서 폰트를

다운로드 받거나 사용하지 않도록 합니다.


**● 상업용과 비영리 폰트**

**영리를 목적으로 해당 폰트를 이용하는**

**폰트를 상업용 폰트**이라고 하는데 이 글꼴은 폰트 제작 업체에서

**지시하는 사용할 수 있는 범위 내에서 자유롭게 이용**할 수

있습니다. 영리를 목적으로 운영되는 회사에서는

반드시 상업용 폰트 또는 상업용으로 이용할 수 있는 무료 폰트를

사용해야 합니다.


**영리를 목적으로 하지 않고 개인 작업에 사용하는 폰트를**

**비영리 폰트**라고 합니다.

무료 폰트 대부분이 비영리 폰트들입니다.

무료라 하더라도 폰트 제작 업체에서 제시하는 사용 용도 내에서

사용이 가능합니다. **비영리 글꼴을 상업용으로 이용할 경우**

**저작권 보호를 받을 수 없습니다.**

● **완전 무료 폰트**

**상업용과 비영리 모두 이용할 수 있는 완전 무료 폰트**도 있습니다.

완전 무료 폰트도 폰트 제조사에서 지시하는 사용 범위 내에서

무료로 이용할 수 있습니다.

대표적인 무료 글꼴인 Kopub, 나눔 폰트는

폰트를 임의로 변형하거나 수정 및 재판매만 하지 않는다면

자유롭게 이용이 가능합니다.

특히 유료 폰트인 경우 전자책의 임베디드 폰트 사용이

제한되지만 Kopub, 나눔 폰트 등의 무료 폰트는

사용 출처만 표기한다면 임베디드 폰트로 사용도 가능합니다.

**무료 폰트마다 사용 용도 제한이 있으므로 사용하기에 앞서**

**반드시 라이선스를 잘 확인**하도록 합니다.

● **유료 폰트의 사용 목적에 따른 저작권**

**유료로 구매한 폰트라고 구매자 마음대로 사용할 수 있는 것이**

**아닙니다.** 폰트 업체에서 지시된 **사용 범위에서만 사용이**

**가능**하고 이외의 목적으로 **사용할 경우 업체와 협의를 한 후**

**이용**해야 합니다.

보통 **문서 작성, 인쇄물, 웹디자인, 자사 및 개인용 홍보물까지**
**이용이 가능**하고 CI나 BI 제작에 대한 사용 가능 유무는
폰트 제조사 업체별로 차이가 있습니다.


**상업용 영상물, TV-CF, 이러닝 영상물, 전자책,**
**모바일 애플리케이션, 게임 개발, 폰트 내장, 폰트 재배포 등에**
**사용할 경우 대부분 별도 계약**을 해야 사용이 가능합니다.


참고로 산돌 폰트는 산돌 폰트로 작성한 문서를
PDF 변환 시 폰트가 이미지화되지 않으므로
산돌 폰트가 없는 PC에서 문서를 열면
다른 폰트로 대체되어 표시됩니다.

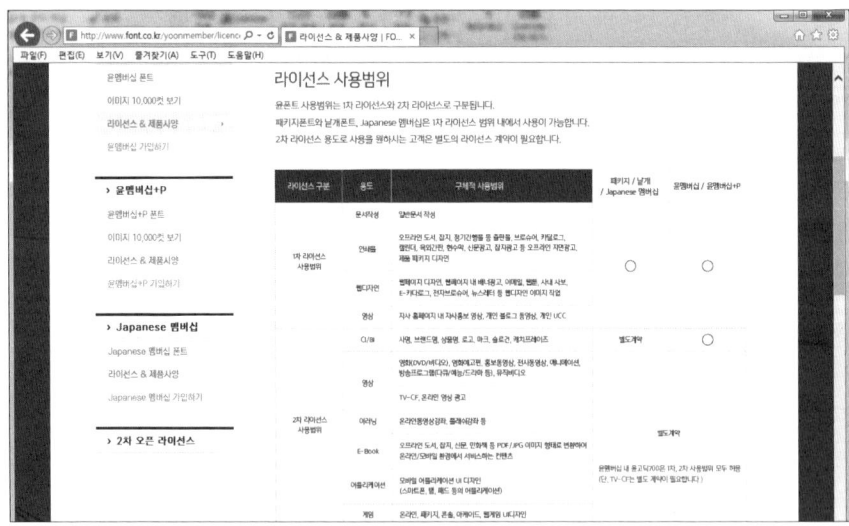

▲ 윤디자인의 폰트 라이선스 사용범위

산돌 폰트는 PDF 변환 사용에 대한 권한을

**일반 폰트 구매자에게 제공하지 않기 때문**입니다.

PDF 변환 사용을 해야 할 경우에는

별도 계약을 해야만 사용이 가능합니다.


● **번들 폰트 사용 권한**

MS 윈도우 등의 운영체제에는 기본으로 설치되어 있는

폰트들이 내장되어 있습니다.

이외에 한글 워드프로세서나 MS-OFFICE, 어도비 그래픽 프로그

램에도 다양한 폰트들을 제공하고 있으므로 프로그램 설치시

윈도우에 자동으로 폰트가 설치됩니다.

이와같이 프로그램에 포함되어 있는 폰트를 **번들 폰트**라고 하는데

이러한 번들 폰트도 저작권이 있습니다.

**원칙적인 번들 폰트의 기본 사용권한은**

**해당 프로그램 사용 시에만 인정**되며

**상업용 이용에도 제약이 있습니다.**


**마이크로소프트는 정품 프로그램 사용자라면**

**다른 프로그램으로 번들 폰트 이용 시 어느정도 묵인**해주고 있고,

**어도비는 다른 프로그램 사용을 인정해주지만**

**상업용 이용에 대해서는 별도 구매를 요구**하고 있습니다.

**한컴의 한글 워드프로세서는**

다른 프로그램에서 번들 폰트를 사용하는 것에 대한

사용 권한을 인정하지 않고 있습니다.

그러므로 번들 폰트 사용시 프로그램 라이선스 약관을 통해

사용 권한을 확인하도록 합니다.


● 폰트 재배포와 수정 행위

폰트 재배포란 **폰트를 임의로 다른 곳에 올리거나**

**전달하는 행위**를 말하는 것으로

무료 폰트 또는 유료 폰트이든지

**라이선스에 재배포를 할 수 없다고 명기되어 있는 폰트를**

**올리거나 이 폰트를 다운로드 받는 행위는 모두 저작권 침해**에

해당합니다.

또한 **폰트 제작 도구를 이용하여**

**폰트를 임의로 수정하고 재배포하는 행위** 또한

폰트 개발사의 라이선스가 없는 한 이용할 수 없습니다.

**대부분의 유료와 무료 폰트는 재배포, 수정 및 양도가 금지**되어

있으므로 이러한 작업을 해야 하는 경우

반드시 폰트의 라이선스 사용 범위를 확인하도록 합니다.


● 임베디드 폰트 사용 권한

원하는 폰트로 텍스트를 표시하는 전자책이나

플래시 애니메이션, 게임과 같은 애플리케이션 등은

제작하는 결과물에 폰트가 포함되는데

이러한 폰트를 **임베디드 폰트**라고 부릅니다.

임베디드 폰트는 결과물에 폰트 데이터가 결합되어

제공되기 때문에 인쇄물 또는 웹디자인을 개발하는 것과는

사용 용도가 다릅니다.

대부분의 상업용 폰트는 **임베디드 폰트 사용이**

**일반 구매의 사용 영역에 포함되어 있지 않으므로**

**별도 계약을 해야 사용이 가능**합니다.

오히려 **Kopub, 나눔 폰트 등 임베디드 폰트 사용이 가능**한

무료 폰트도 있습니다.

그러므로 폰트 사용시 해당 폰트가 임베디드 폰트 이용이 가능한지

확인하고 사용하도록 합니다.


● 폰트 출처 표기

상업용으로 이용 가능한 무료 폰트를 이용할 경우

**출처를 반드시 표기해야 하는 폰트도 있고**

**표기를 권장하는 폰트**도 있습니다.

가급적 제작물에 사용된 폰트는

무료 폰트의 출처를 표시해주도록 합니다.

**도서나 전자책인 경우 판권에 출처를 표기**하도록 합니다.

본 콘텐츠는 네이버에서 제공한 나눔글꼴이 적용되어 있습니다.

# 02 상업용 무료 폰트

무료 폰트들은 폰트 개발사에서 제공하는 무료 폰트 이외에

공공기관 또는 기업의 전용 폰트 등이 있습니다.

본문에서 주로 사용할 수 있는 폰트부터

개성 있는 폰트까지 다양합니다.

여기서는 무료 폰트 중 상업용으로 자유롭게 이용할 수 있고

쓰임이 많은 폰트들을 중심으로 소개합니다.


각 폰트마다 설치 방법과 이용 권한을 소개해두었습니다.

설치 방법은 설치 URL에 표시되어 있는 주소로 접속해서

사용 권한을 다시 한번 확인한 후

해당 폰트를 다운로드 받아서 사용합니다.

기업의 전용 폰트는 폰트에 기업의 이미지가 담겨 있어

장평, 기울기, 테두리 등 폰트의 모양을 왜곡하는 행위를

허가하지 않는 폰트도 있으므로 사용 시 주의 바랍니다.

폰트 이용 권한은 변경될 수 있으므로

폰트를 이용하기 전에 자신이 사용할 용도와 알맞는지

이용 권한을 해당 홈페이지에서 다시 한번 확인하도록 합니다.

상업용 무료 폰트

# °나눔명조 <sup>+</sup>

제도한 글꼴 형태의 개성있는 명조체.
한글 표현 최대 글자수인 11,172자 완
성형 지원

네이버 나눔 | 윈도우, 맥 | TTF, OTF | 설치 URL : http://hangeul.naver.com
특징 : 상업용 모든 영역 사용 가능, 폰트 임베디드와 수정 및 재배포 가능

---

단순함이란 궁극의 정교함이다.
Simplicity is the ultimate sophistication.
SIMPLICITY IS THE ULTIMATE SOPHISTICATION

– 나눔 명조 Regular

**단순함이란 궁극의 정교함이다.**
Simplicity is the ultimate sophistication.
SIMPLICITY IS THE ULTIMATE SOPHISTICATION

– 나눔 명조 Bold

**단순함이란 궁극의 정교함이다.**
**Simplicity is the ultimate sophistication.**
**SIMPLICITY IS THE ULTIMATE SOPHISTICATION**

– 나눔 명조 ExtraBold

---

사랑하는 알리사! 그대의 사랑을 사랑합니다. 낙타가 바늘귀를 뚫고 지나야 하는
좁은 문을 향해 걸어가는 나의 사랑 알리사! 그대의 사랑이 얼마나 거룩했으면
그대의 제롬을 위해 흰눈꽃보다 아름다운 당신의 영혼을 다 바칠 수 있었을까요.

---

ABCDEFGHIJKLMNOPQRSTUVWXYZ

abcdefghijklmnopqrstuvwxyz

1234567890!@#$%^&*()_+₩〈〉?

네이버 나눔 | 윈도우, 맥 | TTF, OTF | 설치 URL : http://hangeul.naver.com
특징 : 상업용 모든 영역 사용 가능, 폰트 임베디드와 수정 및 재배포 가능

단순함이란 궁극의 정교함이다.
Simplicity is the ultimate sophistication.
SIMPLICITY IS THE ULTIMATE SOPHISTICATION

– 나눔 고딕 Liight

단순함이란 궁극의 정교함이다.
Simplicity is the ultimate sophistication.
SIMPLICITY IS THE ULTIMATE SOPHISTICATION

– 나눔 고딕 Regular

**단순함이란 궁극의 정교함이다.**
**Simplicity is the ultimate sophistication.**
**SIMPLICITY IS THE ULTIMATE SOPHISTICATION**

– 나눔 고딕 Bold

**단순함이란 궁극의 정교함이다.**
**Simplicity is the ultimate sophistication.**
**SIMPLICITY IS THE ULTIMATE SOPHISTICATION**

– 나눔 고딕 ExtraBold

사랑하는 알리사! 그대의 사랑을 사랑합니다. 낙타가 바늘귀를 뚫고 지나야 하는 좁은 문을 향해 걸어가는 나의 사랑 알리사! 그대의 사랑이 얼마나 거룩했으면 그대의 제롬을 위해 흰눈꽃보다 아름다운 당신의 영혼을 다 바칠 수 있었을까요.

ABCDEFGHIJKLMNOPQRSTUVWXYZ
abcdefghijklmnopqrstuvwxyz
1234567890!@#$%^&*()_+₩<>?
大韓民國

나눔고딕 R, B, EB는
4,888자 한자 지원

**상업용 무료 폰트**

# 나눔손글씨 +

**손글씨 공모전 대상을 수상한 정재경님의**
**손글씨를 바탕으로 제작**

네이버 나눔 | 윈도우, 맥 | TTF, OTF | 설치 URL : http://hangeul.naver.com
특징 : 상업용 모든 영역 사용 가능, 폰트 임베디드와 수정 및 재배포 가능

단순함이란 궁극의 정교함이다. **다** +

**모음 'ㅏ'자의 획을 길게 표현한 다른 문자로**
**표시할 수 있는 멀티 글리프 지원**

Simplicity is the ultimate sophistication.
SIMPLICITY IS THE ULTIMATE SOPHISTICATION

– 나눔 손글씨 붓

단순함이란 궁극의 정교함이다.
Simplicity is the ultimate sophistication.
SIMPLICITY IS THE ULTIMATE SOPHISTICATION

– 나눔 손글씨 펜

사랑하는 알래나! 그대의 사랑을 사랑합니다. 낙타가 바늘귀를 뚫고 지나야 하는 좁은 문을 향해 걸어가는 나의 사랑 알래나! 그대의 사랑이 얼마나 거룩했으면 그대의 제물을 위해 희눈꽃보다 아름다운 당신의 영혼을 다 바칠 수 있겠습니까.

사랑하는 알래나! 그대의 사랑을 사랑합니다. 낙타가 바늘귀를 뚫고 지나야 하는 좁은 문을 향해 걸어가는 나의 사랑 알래나! 그대의 사랑이 얼마나 거룩했으면 그대의 제물을 위해 희눈꽃보다 아름다운 당신의 영혼을 다 바칠 수 있겠습니까.

ABCDEFGHIJKLMNOPQRSTUVWXYZ

abcdefghijklmnopqrstuvwxyz

1234567890!@#$%^&*()_+₩<>?

# 나눔바른고딕 +

네이버 나눔 | 윈도우, 맥 | TTF, OTF | 설치 URL : http://hangeul.naver.com
특징 : 상업용 모든 영역 사용 가능, 폰트 임베디드와 수정 및 재배포 가능

단순함이란 궁극의 정교함이다.
Simplicity is the ultimate sophistication.
SIMPLICITY IS THE ULTIMATE SOPHISTICATION

– 나눔바른고딕 UltraLight

단순함이란 궁극의 정교함이다.
Simplicity is the ultimate sophistication.
SIMPLICITY IS THE ULTIMATE SOPHISTICATION

– 나눔바른고딕 Light

단순함이란 궁극의 정교함이다.
Simplicity is the ultimate sophistication.
SIMPLICITY IS THE ULTIMATE SOPHISTICATION

– 나눔바른고딕 Regular

**단순함이란 궁극의 정교함이다.**
**Simplicity is the ultimate sophistication.**
**SIMPLICITY IS THE ULTIMATE SOPHISTICATION**

– 나눔바른고딕 Bold

사랑하는 알리사! 그대의 사랑을 사랑합니다. 낙타가 바늘귀를 뚫고 지나야 하는 좁은 문
을 향해 걸어가는 나의 사랑 알리사! 그대의 사랑이 얼마나 거룩했으면 그대의 제롬을 위
해 흰눈꽃보다 아름다운 당신의 영혼을 다 바칠 수 있었을까요.

ABCDEFGHIJKLMNOPQRSTUVWXYZ
abcdefghijklmnopqrstuvwxyz
1234567890!@#$%^&*()_+₩〈〉?
大韓民國 +

# 나눔바른펜

네이버 나눔 | 윈도우, 맥 | TTF, OTF | 설치 URL : http://hangeul.naver.com
특징 : 상업용 모든 영역 사용 가능, 폰트 임베디드와 수정 및 재배포 가능

단순함이란 궁극의 정교함이다.
Simplicity is the ultimate sophistication.
SIMPLICITY IS THE ULTIMATE SOPHISTICATION

– 나눔바른펜 Regular

**단순함이란 궁극의 정교함이다.**
**Simplicity is the ultimate sophistication.**
**SIMPLICITY IS THE ULTIMATE SOPHISTICATION**

– 나눔바른펜 Bold

사랑하는 알리사! 그대의 사랑을 사랑합니다. 낙타가 바늘귀를 뚫고 지나야 하는 좁은 문을 향해 걸어가는 나의 사랑 알리사! 그대의 사랑이 얼마나 거룩했으면 그대의 제롬을 위해 흰눈꽃보다 아름다운 당신의 영혼을 다 바칠 수 있었을까요.

ABCDEFGHIJKLMNOPQRSTUVWXYZ
abcdefghijklmnopqrstuvwxyz
1234567890!@#$%^&*()_+₩<>?

**쉼표**

## 나눔명조옛한글과 나눔 글꼴 에코

나눔글꼴은 생활에 도움되는

나눔명조옛한글과

나눔글꼴에코 폰트들을 제공합니다.


나눔명조옛한글은

현대 한글 완성자 11,172자 이외에

옛한글 1,610,328자를 제공하여

현대 한글에서는 표현하지 못하는 옛한글을

표현할 수 있게 해줍니다.

옛한글을 입력하려면

두벌식 옛글 자판을 선택할 수 있는 한글 워드프로세서 등에서

사용이 가능합니다.

나랏말ᄊᆞ미잉뚱듕귁 ᄒᆡ
야잉 ᄂᆞ다 롤 씨라ᄬᅟᅳᆫ
아모그에 ᄒᆞ 논겨체ᄡᅳ는 ᄍᆞ ᄃᆞ
듕귁그에


나눔글꼴에코는 인쇄시

잉크를 절약할 수 있도록 해주는 특수 폰트입니다.

화면상에는 폰트에 구멍이 뚫려 있지만

인쇄시 빈 구멍이 잉크로 채워져

바른 글자로 보이게 됩니다.

# 나눔글꼴에코

# °본고딕

상업용 무료 폰트

전세계 언어를 모두 지원하여 언어별적인 폰트
구현, 구글은 Noto Sans, 어도비는 Source gothic
이름으로 배포

---

구글,어도비 | 윈도우, 맥 | OTF |
설치 URL : www.google.com/get/noto → [Noto Sans CJK KR] → [DOWNLOAD]
특징 : 한중일 통합본, 상업용 모든 영역 사용 가능, 글꼴 출처 표기, 수정, 변형, 재판매 안됨

---

친구는 제 2의 자신이다.
A friend is a second self. A FRIEND IS A SECOND SELF.

– Noto Sans Korean Thin

친구는 제 2의 자신이다.
A friend is a second self. A FRIEND IS A SECOND SELF.

– Noto Sans Korean Light

친구는 제 2의 자신이다.
A friend is a second self. A FRIEND IS A SECOND SELF.

– Noto Sans Korean DemiLight

친구는 제 2의 자신이다.
A friend is a second self. A FRIEND IS A SECOND SELF.

– Noto Sans Korean Regular

**친구는 제 2의 자신이다.**
**A friend is a second self. A FRIEND IS A SECOND SELF.**

– Noto Sans Korean Bold

**친구는 제 2의 자신이다.**
**A friend is a second self. A FRIEND IS A SECOND SELF.**

– Noto Sans Korean Black

---

입춘이 지난 지 또 한참입니다. 겨울 속의 봄, 추위는 어제와 같이 오늘 아침도 영하10도에 가까운 수은주를 보여주었습니다. 그러나 한낮 주말의 유리창 너머에서 스며드는 햇살이 얼마나 아름답던지요. 창을 열고 긴 호흡으로 햇살을 온몸에 받아 안았습니다. 깊숙이 가슴에 스며든 햇살-알리사!

---

ABCDEFGHIJKLMNOPQRSTUVWXYZ

abcdefghijklmnopqrstuvwxyz

1234567890!@ $%^&*()_+\<>?

# °Kopub 바탕+

종이책뿐만 아니라 모바일 환경에서도 우수한 가독성, 편집자 의견을 수렴한 장평과 자간 환경 설정, 본문체로 사용하기에 적합

문화체육관광부+한국출판인회 | KOPUB 서체 | TTF, OTF |
설치 URL : http://www.kopus.org/Biz/electronic/Font.aspx
특징 : 상업용 모든 영역 사용 가능, 폰트 수정, 변형, 재판매 허가 받아야 함

죄를 미워하되 죄인은 사랑하라.
Hate the sin, love the sinner.
HATE THE SIN, LOVE THE SINNER.

– Kopub 바탕 Light

죄를 미워하되 죄인은 사랑하라.
Hate the sin, love the sinner.
HATE THE SIN, LOVE THE SINNER.

– Kopub 바탕 Medium

죄를 미워하되 죄인은 사랑하라.
Hate the sin, love the sinner.
HATE THE SIN, LOVE THE SINNER.

– Kopub 바탕 Bold

다 주는 만큼 다 받는 것이라는 알리사! 하루가 또 스물네 개의 종소리를 다 써 버렸군요. 올해도 곧 저물겠습니다. 밤 쓸쓸함이 창문목까지 젖어드는 겨울의 늪, 알리사! 당신을 그리워 합니다

ABCDEFGHIJKLMNOPQRSTUVWXYZ

abcdefghijklmnopqrstuvwxyz

1234567890!@#$%^&*()_+\〈〉?

# °Kopub 돋움 +

문화체육관광부+한국출판인회 | KOPUB 서체 | TTF, OTF |
설치 URL : http://www.kopus.org/Biz/electronic/Font.aspx
특징 : 상업용 모든 영역 사용 가능, 폰트 수정, 변형, 재판매 허가 받아야 함

죄를 미워하되 죄인은 사랑하라.
Hate the sin, love the sinner.
HATE THE SIN, LOVE THE SINNER.

– Kopub 돋움 Light

죄를 미워하되 죄인은 사랑하라.
Hate the sin, love the sinner.
HATE THE SIN, LOVE THE SINNER.

– Kopub 돋움 Medium

**죄를 미워하되 죄인은 사랑하라.**
**Hate the sin, love the sinner.**
**HATE THE SIN, LOVE THE SINNER.**

– Kopub 돋움 Bold

다 주는 만큼 다 받는 것이라는 알리사! 하루가 또 스물네 개의 종소리를 다 써 버렸군요. 올해도 곧 저물겠습니다. 밤 쓸쓸함이 창문목까지 젖어드는 겨울의 늪, 알리사! 당신을 그리워 합니다

ABCDEFGHIJKLMNOPQRSTUVWXYZ

abcdefghijklmnopqrstuvwxyz

1234567890!@#$%^&*()_+\⟨⟩?

# °함초롬 바탕 +

한컴오피스 2010부터 사용된 전용 폰트, 유니코드 방식, 일본어, 중국어, 아랍어 지원, 개성있는 선처리와 유연한 곡선 처리가 매력적인 모던한 스타일, 화면상 글자가 깨져 보이지 않는 힌팅 기술 적용

한글과 컴퓨터 | TTF |

설치 URL : http://www.hancom.co.kr → [고객센터]-[다운로드]-[기타 자료실] 1번게시물

특징 : 상업용 모든 영역 사용 가능, 출처 표기 권장, 수정, 변형, 재판매 안됨

인생은 밀림 속의 동물원이다.
life is a zoo in a jungle.
LIFE IS A ZOO IN A JUNGLE.

– 함초롬바탕 Regular | HCR 바탕

**인생은 밀림 속의 동물원이다.**
**life is a zoo in a jungle.**
**LIFE IS A ZOO IN A JUNGLE.**

– 함초롬바탕 bold | HCR 바탕 Bold

사랑의 알리사! 기온이 낮아지고 있습니다. 몸이 조금씩 움츠려 들고 바람이 미처 떨구지 못한 나뭇잎을 조용히 흔들던 한낮이었습니다. 침묵속의 알리사. 1909년이었던가요 지드의 손끝에서 지지 않는 생명으로 태어나 한나절 피었다 지는 나팔꽃처럼 떨리는 어깨 위에 봄 햇살 같은 영혼의 옷 입혀주는 알리사!

ABCDEFGHIJKLMNOPQRSTUVWXYZ

abcdefghijklmnopqrstuvwxyz

1234567890!@#$%^&*()_+\<>?

# °함초롬 돋움 +

한컴오피스 2010부터 사용된 전용 폰트, 유니코드 방식, 일본어, 중국어, 아랍어 지원, 힌팅 기술 적용, 하단 정렬선을 일률적으로 맞추어 안정적인 느낌

한글과 컴퓨터 | TTF |
설치 URL : http://www.hancom.co.kr → [고객센터]-[다운로드]에서 1번게시물
특징 : 상업용 모든 영역 사용 가능, 출처 표기 할 것, 수정, 변형, 재판매 안됨

인생은 밀림 속의 동물원이다.
life is a zoo in a jungle.
LIFE IS A ZOO IN A JUNGLE.

– 함초롬돋움 Regular | HCR 돋움

**인생은 밀림 속의 동물원이다.**
**life is a zoo in a jungle.**
**LIFE IS A ZOO IN A JUNGLE.**

– 함초롬돋움 bold | HCR 돋움 Bold

사랑의 알리사! 기온이 낮아지고 있습니다. 몸이 조금씩 움츠려 들고 바람이 미처 떨구지 못한 나뭇잎을 조용히 흔들던 한낮이었습니다. 침묵속의 알리사. 1909년이었던가요 지드의 손끝에서 지지 않는 생명으로 태어나 한나절 피었다 지는 나팔꽃처럼 떨리는 어깨 위에 봄 햇살 같은 영혼의 옷 입혀주는 알리사!

ABCDEFGHIJKLMNOPQRSTUVWXYZ

abcdefghijklmnopqrstuvwxyz

1234567890!@#$%^&*()_+\<>?

# °서울 한강체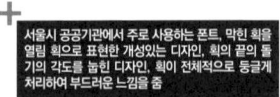

서울시 공공기관에서 주로 사용하는 폰트, 막힌 획을 열림 획으로 표현한 개성있는 디자인, 획의 끝의 돌기의 각도를 높힌 디자인, 획이 전체적으로 둥글게 처리하여 부드러운 느낌을 줌

서울시청 | TTF, OTF |

설치 URL : http://www.seoul.go.kr → [서울소개]-[서울의 상징물]-[서체] 메뉴

특징 : 상업용 모든 영역 사용 가능, 수정, 변형, 재판매 안됨

성공만큼 큰 실패는 없다.

nothing fails like success.

NOTHING FAILS LIKE SUCCESS.

– 서울 한강체 L | SeoulHangang L

성공만큼 큰 실패는 없다.

nothing fails like success.

NOTHING FAILS LIKE SUCCESS.

– 서울 한강체 M | SeoulHangang M

성공만큼 큰 실패는 없다.

nothing fails like success.

NOTHING FAILS LIKE SUCCESS.

– 서울 한강체 B | SeoulHangang B

성공만큼 큰 실패는 없다.

nothing fails like success.

NOTHING FAILS LIKE SUCCESS.

– 서울 한강체 EB | SeoulHangang EB

사랑의 알리사! 그대의 깊은 잠을 또 깨우고 말았군요. 내 의식의 주인이신 알리사. 내 영혼의 주인이신 알리사. 내 일상의 정수리에 머물며 어둠의 길을 동행하는 사랑의 알리사!

ABCDEFGHIJKLMNOPQRSTUVWXYZ

abcdefghijklmnopqrstuvwxyz

1234567890!@#$%^&*()_+\<>?

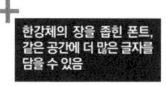

# 상업용 무료 폰트
# °서울 한강 장체 <sup>+</sup>

한강체의 창을 좁힌 폰트, 같은 공간에 더 많은 글자를 담을 수 있음

서울시청 | TTF, OTF |
설치 URL : http://www.seoul.go.kr → [서울소개]-[서울의 상징물]-[서체] 메뉴
특징 : 상업용 모든 영역 사용 가능, 수정, 변형, 재판매 안됨

성공만큼 큰 실패는 없다.
nothing fails like success.
NOTHING FAILS LIKE SUCCESS.　– 서울 한강장체 CL | SeoulHangang CL

성공만큼 큰 실패는 없다.
nothing fails like success.
NOTHING FAILS LIKE SUCCESS.　– 서울 한강장체 CM | SeoulHangang CM

성공만큼 큰 실패는 없다.
nothing fails like success.
NOTHING FAILS LIKE SUCCESS.　– 서울 한강장체 CB | SeoulHangang CB

성공만큼 큰 실패는 없다.
nothing fails like success.
NOTHING FAILS LIKE SUCCESS.　– 서울 한강장체 CEB | SeoulHangang CEB

성공만큼 큰 실패는 없다.
nothing fails like success.
NOTHING FAILS LIKE SUCCESS.　– 서울 한강장체 CBL | SeoulHangang CBL

사랑의 알리사! 그대의 깊은 잠을 또 깨우고 말았군요. 내 의식의 주인이신 알리사. 내 영혼의 주
인이신 알리사. 내 일상의 정수리에 머물며 어둠의 길을 동행하는 사랑의 알리사!

ABCDEFGHIJKLMNOPQRSTUVWXYZ
abcdefghijklmnopqrstuvwxyz
1234567890!@#$%^&*()_+₩<>?

# °서울 남산체

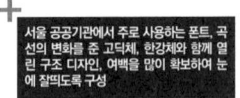

서울 공공기관에서 주로 사용하는 폰트, 곡선의 변화를 준 고딕체, 한강체와 함께 열린 구조 디자인, 여백을 많이 확보하여 눈에 잘띄도록 구성

서울시청 | TTF, OTF |
설치 URL : http://www.seoul.go.kr → [서울소개]-[서울의 상징물]-[서체] 메뉴
특징 : 상업용 모든 영역 사용 가능, 수정, 변형, 재판매 안됨

성공만큼 큰 실패는 없다.
nothing fails like success.
NOTHING FAILS LIKE SUCCESS. – 서울 남산 L | SeoulNamsan L

성공만큼 큰 실패는 없다.
nothing fails like success.
NOTHING FAILS LIKE SUCCESS. – 서울 남산 M | SeoulNamsan M

성공만큼 큰 실패는 없다.
nothing fails like success.
NOTHING FAILS LIKE SUCCESS. – 서울 남산 B | SeoulNamsan B

성공만큼 큰 실패는 없다.
nothing fails like success.
NOTHING FAILS LIKE SUCCESS. – 서울 남산 EB | SeoulNamsan EB

성공만큼 큰 실패는 없다.
nothing fails like success.
NOTHING FAILS LIKE SUCCESS. – 서울 남산 vert | SeoulNamsan vert

사랑의 알리사! 그대의 깊은 잠을 또 깨우고 말았군요. 내 의식의 주인이신 알리사. 내 영혼의 주인이신 알리사. 내 일상의 정수리에 머물며 어둠의 길을 동행하는 사랑의 알리사!

ABCDEFGHIJKLMNOPQRSTUVWXYZ
abcdefghijklmnopqrstuvwxyz
1234567890!@#$%^&*()_+₩<>?

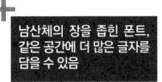

# 상업용 무료 폰트
# °서울 남산 장체 +

남산체의 장을 좁힌 폰트, 같은 공간에 더 많은 글자를 담을 수 있음

서울시청 | TTF, OTF |
설치 URL : http://www.seoul.go.kr → [서울소개]-[서울의 상징물]-[서체] 메뉴
특징 : 상업용 모든 영역 사용 가능, 수정, 변형, 재판매 안됨

성공만큼 큰 실패는 없다.
nothing fails like success.
NOTHING FAILS LIKE SUCCESS.     – 서울 남산장체 CL | SeoulNamsan CL

성공만큼 큰 실패는 없다.
nothing fails like success.
NOTHING FAILS LIKE SUCCESS.     – 서울 남산장체 CM | SeoulNamsan CM

성공만큼 큰 실패는 없다.
nothing fails like success.
NOTHING FAILS LIKE SUCCESS.     – 서울 남산장체 CB | SeoulNamsan CB

성공만큼 큰 실패는 없다.
nothing fails like success.
NOTHING FAILS LIKE SUCCESS.     – 서울 남산장체 CEB | SeoulNamsan CEB

성공만큼 큰 실패는 없다.
nothing fails like success.
NOTHING FAILS LIKE SUCCESS.     – 서울 남산장체 CBL | SeoulNamsan CBL

사랑의 알리사! 그대의 깊은 잠을 또 깨우고 말았군요. 내 의식의 주인이신 알리사. 내 영혼의 주인이신 알리사. 내 일상의 정수리에 머물며 어둠의 길을 동행하는 사랑의 알리사!

ABCDEFGHIJKLMNOPQRSTUVWXYZ
abcdefghijklmnopqrstuvwxyz
1234567890!@#$%^&*()_+₩<>?

상업용 무료 폰트

# °부산체

+ 글자 영역에 꽉채우는 글자 구조, 직선과 곡선을 조화롭게 구성하여 고딕체임에도 부드러운 느낌을 줌, 종성과 중성을 연결하는 세련된 구조

부산시청 | TTF, OTF |

설치 URL : http://www.busan.go.kr → [부산 소개]-[부산의 상징]-[부산체] 메뉴

특징 : 상업용 모든 영역 사용 가능, 상업적 양도, 재판매 안됨

웃는 자가 승자일지니!

he who laughs, lasts!

HE WHO LAUGHS, LASTS!

– 부산체_가칭 | BusanFont_Provisional

다시 돌아오지 않을 시간이 저물어 갑니다. 비단 한 해의 시간이라 하지만 우리 모두가 딛고 있는 모든 시간은 스치는 바람처럼 저물고 있는 일이지만 지금 이 순간 한 해의 끝에서면 매 순간의 시간이 얼마나 소중한 것인지 더 절실하게 느끼게 됩니다.

ABCDEFGHIJKLMNOPQRSTUVWXYZ

abcdefghijklmnopqrstuvwxyz

1234567890!@#$%^&*()_+\<>?

상업용 무료 폰트

# °제주 명조

11,172자의 한글 뿐만 아니라 160자의 제주
어 지원, 무게 중심이 상단에 위치하고 하단의
흐름이 불규칙한 율동감있는 설계, 획을 단순
화하여 모던한 느낌의 디자인

제주시청 | TTF, OTF |

설치 URL : http://www.jeju.go.kr → [제주소개]-[제주의 상징]-[서체] 메뉴

특징 : 상업용 모든 영역 사용 가능, 수정, 변형, 재판매 안됨

웃음은 마음의 조깅이다.

laughter is inner jogging.

LAUGHTER IS INNER JOGGING.

– 제주명조 | JejuMyeongjo

나랏 말쓰미 듕귁과 달아 문쭝와로 서르 스뭇디 아니홀쌔 이런 이유로 어리석은 백
성이 말하고자 하는 바가 있어도 마침내 제 뜻을 능히 펴지 못하는 사람

ABCDEFGHIJKLMNOPQRSTUVWXYZ

abcdefghijklmnopqrstuvwxyz

1234567890!　@#$%^&*()_＋₩<>?

제주어 입력은 [글리프]를 이용하여 입력. 한
컴 오피스는 [문자표], MS 오피스는 [기호]
대화 상자를 열어서 입력

# °제주 고딕

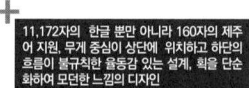

11,172자의 한글 뿐만 아니라 160자의 제주
어 지원, 무게 중심이 상단에 위치하고 하단의
흐름이 불규칙한 율동감 있는 설계, 획을 단순
화하여 모던한 느낌의 디자인

제주시청 | TTF, OTF |
설치 URL : http://www.jeju.go.kr → [제주소개]-[제주의 상징]-[서체] 메뉴
특징 : 상업용 모든 영역 사용 가능, 수정, 변형, 재판매 안됨

웃음은 마음의 조깅이다.
laughter is inner jogging.
LAUGHTER IS INNER JOGGING.

– 제주고딕 | JejuGothic

나랏 말쓰미 듕귁과 달아 문쯔와로 서르 ㅅ못디 아니홀쎄 이런 이유로 어리석은 백
성이 말하고자 하는 바가 있어도 마침내 제 뜻을 능히 펴지 못하는 사람이 많으니라.

ABCDEFGHIJKLMNOPQRSTUVWXYZ
abcdefghijklmnopqrstuvwxyz
1234567890!@#$%^&*()_+₩<>?

# 제주 한라산

**상업용 무료 폰트**

+ 11,172자의 한글 분만 아니라 160자의 제주어 지원, 바람과 파도에 닳아버린 섬지형 모양의 거친 붓터치 느낌의 획 디자인

제주시청 | TTF, OTF |
설치 URL : http://www.jeju.go.kr → [제주소개]–[제주의 상징]–[서체] 메뉴
특징 : 상업용 모든 영역 사용 가능, 수정, 변형, 재판매 안됨

웃음은 마음의 조깅이다.
laughter is inner jogging.
LAUGHTER IS INNER JOGGING.

– 제주한라산 | JejuHallasan

나랏 말쓰미 듕귁과 달아 문쯔와로 서르 스뭇디 아니홀쌔 이런 이유로 어리석은 백성이 말하고자 하는 바가 있어도 마침내 제 뜻을 능히 펴지 못하는 사람이 많으니라.

ABCDEFGHIJKLMNOPQRSTUVWXYZ
abcdefghijklmnopqrstuvwxyz
1234567890!@#$%^&*()_+₩()?

# °김제시체 +

글자 영역에 꽉 채우는 글꼴 설계, 종성이 없는
글자의 첫 자음이 강조되어 표시되는 개성있는
디자인

---

김제시청 | TTF |

설치 URL : http://www.gimje.go.kr → [지평선김제]-[김제상징]-[김제CI/서체]-[서체] 메뉴

특징 : 웹디자인, CI, BI 전자책, 간판, 영상 등 상업용 용도 이용 가능, 단 앱이나 기기의 임베디드 및 원본 글꼴 변형 안됨(디컴즈 상담 www.dcomz.com) 수정, 변형, 재판매 안됨

---

인생은 위험의 연속이다.
life is a risk.
LIFE IS A RISK.

- 김제시체 L

**인생은 위험의 연속이다.**
life is a risk.
LIFE IS A RISK.

- 김제시체 M

---

흘러간 시간 속에는 후회스런 일들이 있습니다. 아직 남은 시간들 속에는 하고 싶은 일들이 있습니다. 알리사! 감사하고 또 감사합니다. 그대가 있어 내 영혼은 외롭지 않습니다.

---

ABCDEFGHIJKLMNOPQRSTUVWXYZ
abcdefghijklmnopqrstuvwxyz
1234567890!@#$%^&*()_+\<>?

**상업용 무료 폰트**

# °성동 명조체 +

**탈네모 스타일의 폰트**

성동구청 | TTF, OTF |

설치 URL : http://www.sd.go.kr → [성동소개]-[성동구소개]-[상징물]-[성동서체] 메뉴

특징 : 상업용 모든 영역 사용 가능, 수정, 변형, 재판매 안됨

시작이 반이다.

well begun is half done.

WELL BEGUN IS HALF DONE.

– 성동명조 R | SungDong Myungjo R

**시작이 반이다.**

**well begun is half done.**

**WELL BEGUN IS HALF DONE.**

– 성동명조 B | SungDong Myungjo B

깊이 다하지 못한 지켜야한 숭고한 의미 다가올 시간 속에 아름답게 가꾸며 또 하나의 언덕을 딛고 오릅니다. 눈부신 새 날의 햇살을 가슴에 담겠습니다. 사랑의 알리사! Happy New Year!

ABCDEFGHIJKLMNOPQRSTUVWXYZ

abcdefghijklmnopqrstuvwxyz

1234567890!@#$%^&*()_+W⟨⟩?

상업용 무료 폰트

# °성동 고딕체 +

 탈네모 스타일의 폰트

성동구청 | TTF, OTF |

설치 URL : http://www.sd.go.kr → [성동소개]-[성동구소개]-[상징물]-[성동서체] 메뉴

특징 : 상업용 모든 영역 사용 가능, 수정, 변형, 재판매 안됨

**시작이 반이다.**

well begun is half done.

WELL BEGUN IS HALF DONE.

– 성동고딕 B | SungDong Gothic B

**시작이 반이다.**

well begun is half done.

WELL BEGUN IS HALF DONE.

– 성동고딕 EB | SungDong Gothic EB

깊이 다하지 못한 지켜야한 숭고한 의미 다가올 시간 속에 아름답게 가꾸며 또 하나의 언덕을 딛고 오릅니다. 눈부신 새 날의 햇살을 가슴에 담겠습니다. 사랑의 알리사! Happy New Year!

# ABCDEFGHIJKLMNOPQRSTUVWXYZ

abcdefghijklmnopqrstuvwxyz

1234567890!@#$%^&*()_+₩〈〉?

# 상업용 무료 폰트
# °순천체 +

획의 두께가 균일하고 두꺼우며 획의 끝이 둥근 고딕체, 'o'자가 동글동글한 타원형 모습을 가지고 있어 전제적으로 여유롭고 부드러운 느낌을 줌

성동구청 | TTF |
설치 URL : http://www.suncheon.go.kr → [생태수도순천]-[시상징]-[순천체] 메뉴
특징 : 상업용 모든 영역 사용 가능, 수정, 변형, 재판매 안됨

시작이 반이다.
well begun is half done.
WELL BEGUN IS HALF DONE.

– 순천 R | Suncheon R

**시작이 반이다.**
**well begun is half done.**
**WELL BEGUN IS HALF DONE.**

– 순천 B | Suncheon B

깊이 다하지 못한 지켜야한 숭고한 의미 다가올 시간 속에 아름답게 가꾸며 또 하나의 언덕을 딛고 오릅니다. 눈부신 새 날의 햇살을 가슴에 담겠습니다. 사랑의 알리사! Happy New Year!

ABCDEFGHIJKLMNOPQRSTUVWXYZ
abcdefghijklmnopqrstuvwxyz
1234567890!@#$%^&*()_+₩<>?

# 廣益 FB 광익체

폰트뱅크 | TTF |

설치 URL : http://cafe.naver.com/philmuk/14299

특징 : 한자 전용 서체, 한자와 영문대소문자만 입력 가능(기호 입력 안됨)

비상업용, 상업용 이용시 [폰트뱅크 http://www.fontbank.co.kr]에서 구매

學而 時習知 不亦說乎
有朋自遠方來 不亦樂乎
人不知而不溫 不亦君子乎
well begun is half done
WELL BEGUN iS HALF DONE

- FB 광익체

子曰 弟子入則孝 出則弟 謹而信 汎愛眾 而親仁 行有餘力 則以學文
子夏曰 賢賢易色 事父母能竭其力 事君能致其身, 與朋友交言而有信 雖曰未
學 吾必謂之學

ABCDEFGHiJKLMNOPQRSTUVWXYZ
abcdefghijklmnopqrstuvwxyz
1234567890

**상업용 무료 폰트**

# °한겨레결체

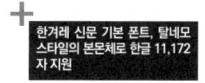

한겨레 신문 기본 폰트, 탈네모
스타일의 본문체로 한글 11,172
자 지원

---

한겨레 | TTF |

설치 URL : http://www.hani.co.kr → [고객센터]−[한겨레 알림] 메뉴 → '결체'로 검색

특징 : 상업용 모든 영역 사용 가능, 수정, 변형, 재판매 안됨

---

내가 있는 곳이 낙원이라.

paradise is where I am.

PARADISE IS WHERE I AM.

– 한겨레결체 | TSThgrgl

---

새 해 새 날이 밝아 온지도 며칠이 지났습니다. 나는 지금 무슨 까닭인지 온 몸에 힘을 잃고 있습니다. 그렇다고 자신을 잃은 건 아닌데 해야 할 일들도 많고 기다리는 일들도 많은데 알리사! 왜 이럴까요?

---

ABCDEFGHIJKLMNOPQRSTUVWXYZ

abcdefghijklmnopqrstuvwxyz

1234567890!@ $% ^ &*()_+\〈〉?

# °청소년체

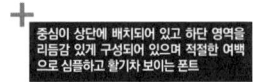
중심이 상단에 배치되어 있고 하단 영역을
리듬감 있게 구성되어 있으며 적절한 여백
으로 심플하고 활기차 보이는 폰트

한국청소년활동진흥원 | TTF, OTF |
설치 URL : https://www.kywa.or.kr → [KYWA소개]-[청소년체] 메뉴
특징 : 상업용 모든 영역 사용 가능, 수정, 변형, 재판매 안됨

덜 약속하고 더 해주어라.
underpromise; overdeliver.
UNDERPROMISE; OVERDELIVER.

– 청소년서체 | Youth

저 겨울 하늘을 향해 꼿꼿이 서있는 물푸레나무의 가지처럼 당당히 설 수 있는 용기
가 필요합니다. 이 엄청난 삭풍의 나이를 딛고 일어설 생명의 힘이 필요합니다. 사랑
의 알리사여!

ABCDEFGHIJKLMNOPQRSTUVWXYZ
abcdefghijklmnopqrstuvwxyz
1234567890!@ $%^&*()_+\<>?

상업용 무료 폰트

# °고도체

+ 획의 끝부분은 둥글게 처리하고 꺽임 부분은 각을 주어 개성 있는 표현한 폰트

고도소프트 | TTF, OTF |
설치 URL : http://www.godo.co.kr/company → [PRcenter]–[고도체] 메뉴
특징 : 상업용 모든 영역 사용 가능, 수정, 변형, 재판매 안됨, 폰트 기본 스타일 유지(장평, 기울기, 두께 변형, 테두리 적용, 패턴 적용 안됨)

덜 약속하고 더 해주어라.
underpromise; overdeliver.
UNDERPROMISE; OVERDELIVER.

– 고도M | GodoM

덜 약속하고 더 해주어라.
underpromise; overdeliver.
UNDERPROMISE; OVERDELIVER.

– 고도B | GodoB

저 겨울 하늘을 향해 꼿꼿이 서있는 물푸레나무의 가지처럼 당당히 설 수 있는 용기가 필요합니다. 이 엄청난 삭풍의 나이를 딛고 일어설 생명의 힘이 필요합니다. 사랑의 알리사여!

ABCDEFGHIJKLMNOPQRSTUVWXYZ
abcdefghijklmnopqrstuvwxyz
1234567890!@ $%^&*()_+₩<>?

# 배달의 민족 주아체

우아한 형제들 | TTF, OTF |

설치 URL : http://www.woowahan.com → [우아한 나눔]–[배달의 민족 글꼴] 메뉴

특징 : 상업용 모든 영역 사용 가능, 수정, 변형, 재판매 안됨

승리는 가장 끈기있는 자에게 돌아간다.

victory belongs to the most persevering.

VICTORY BELONGS TO THE MOST PERSEVERING.

– 배달의 민족 주아 | BM JUA

창밖은 백야입니다. 순백의 눈으로 뒤덮인 백설의 나라입니다. 이 밤 소복하게 쌓인 눈 위에 그 어떤 발자국 하나 없는 오직 한결 같은 순결한 꽃으로 깊이를 더하는 눈송이들이 얼마나 아름다운지 한참을 바라보았습니다.

ABCDEFGHIJKLMNOPQRSTUVWXYZ

abcdefghijklmnopqrstuvwxyz

1234567890!@ $%^&*()_+₩<>?

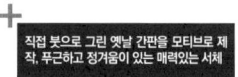

직접 붓으로 그린 옛날 간판을 모티브로 제작, 푸근하고 정겨움이 있는 매력있는 서체

(상업용 무료 폰트)

# 배달의 민족 한나체

우아한 형제들 | TTF, OTF |

설치 URL : http://www.woowahan.com → [우아한 나눔]−[배달의 민족 글꼴] 메뉴

특징 : 상업용 모든 영역 사용 가능, 수정, 변형, 재판매 안됨

승리는 가장 끈기있는 자에게 돌아간다.

victory belongs to the most persevering.

**VICTORY BELONGS TO THE MOST PERSEVERING.**

– 배달의 민족 한나 | BM HANNA B

창밖은 백야입니다. 순백의 눈으로 뒤덮인 백설의 나라입니다. 이 밤 소복하게 쌓인 눈 위에 그 어
떤 발자국 하나 없는 오직 한결 같은 순결한 꽃으로 깊이를 더하는 눈송이들이 얼마나 아름다운
지 한참을 바라보았습니다.

ABCDEFGHIJKLMNOPQRSTUVWXYZ

abcdefghijklmnopqrstuvwxyz

1234567890!@ $%^&*()_+/<>?

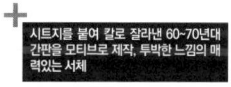

시트지를 붙여 칼로 잘라낸 60~70년대
간판을 모티브로 제작, 투박한 느낌의 매
력있는 서체

# °윤디자인-대한체

윤디자인 | TTF |

설치 URL : https://www.font.co.kr → [무료폰트] 메뉴, 회원가입 필요

특징 : 상업용 모든 영역 사용 가능, 수정, 변형, 재판매 안됨, 임베디드 별도 문의

친구는 제 2의 자신이다.

A friend is a second self.

A FRIEND IS A SECOND SELF.

– 대한 Regular | Daehan Regular

**친구는 제 2의 자신이다.**

**A friend is a second self.**

**A FRIEND IS A SECOND SELF.**

– 대한 Bold | Daehan Bold

세상의 모순, 불가피한 일들까지 덮어내고 있는 저 침묵의 움직임 너그러움 아름다움
이 넋을 잃게 합니다. 알리사! 오늘도 내 삶을 내 영혼을 주도하시는 이여. 새해 벽두
의 서설 앞에 겸허히 고개 숙입니다.

ABCDEFGHIJKLMNOPQRSTUVWXYZ

abcdefghijklmnopqrstuvwxyz

1234567890!@ $%^&*()_+₩<>?

심플한 돌기와 고딕체처럼 깔끔한
획을 가지고 있는 명조체

**상업용 무료 폰트**

# 윤디자인-독도체

**+ 우뚝 솟은 섬 모양을 가지고 있는 붓 글씨의 필기체 폰트**

윤디자인 | TTF |
설치 URL : https://www.font.co.kr → [무료폰트] 메뉴, 회원가입 필요
특징 : 상업용 모든 영역 사용 가능, 수정, 변형, 재판매 안됨, 임베디드 별도 문의

친구는 제 2의 자신이다.

A friend is a second self.

A FRIEND IS A SECOND SELF. – 대한민국독도 | KoreaDokdo

세상의 모순, 불가피한 일들까지 덮어내고 있는 저 침묵의 움직임 너그러움 아름다움이 넋을 잃게 합니다. 알리사! 오늘도 내 삶을 내 영혼을 주도하시는 이여. 새해 벽두의 서설 앞에 겸허히 고개 숙입니다.

ABCDEFGHIJKLMNOPQRSTUVWXYZ abcdefghijklmnopqrstuvwxyz
1234567890!@ $%^&*()_+₩<>?

**상업용 무료 폰트**

# 윤디자인-법정체

친구는 제 2의 자신이다.

A friend is a second self.

A FRIEND IS A SECOND SELF. – Beopjeong

**+ 법정스님의 붓글씨를 참고하여 제작한 폰트**

세상의 모순, 불가피한 일들까지 덮어내고 있는 저 침묵의 움직임 너그러움 아름다움이 넋을 잃게 합니다. 알리사! 오늘도 내 삶을 내 영혼을 주도하시는 이여. 새해 벽두의 서설 앞에 겸허히 고개 숙입니다.

ABCDEFGHIJKLMNOPQRSTUVWXYZ abcdefghijklmnopqrstuvwxyz
1234567890!@ $%^&*()_+\<>?

# °윤디자인-밝은체

윤디자인 | TTF |

설치 URL : https://www.font.co.kr → [무료폰트] 메뉴, 회원가입 필요

특징 : 상업용 모든 영역 사용 가능, 수정, 변형, 재판매 안됨, 임베디드 별도 문의

친구는 제 2의 자신이다.
A friend is a second self.
A FRIEND IS A SECOND SELF.    – 밝은체 | Bright

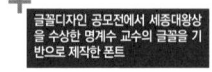
글꼴디자인 공모전에서 세종대왕상을 수상한 명계수 교수의 글꼴을 기반으로 제작한 폰트

ABCDEFGHIJKLMNOPQRSTUVWXYZ abcdefghijklmnopqrstuvwxyz
1234567890!@ $%^&*()_+₩<>?

# °윤디자인-원불교체

친구는 제 2의 자신이다.
A friend is a second self.A FRIEND IS A SECOND SELF.
– 한둥근체 돋움 | Won dotum

**친구는 제 2의 자신이다.**
**A friend is a second self.A FRIEND IS A SECOND SELF.**
– 한둥근체 돋움 Bold | Won dotum bold

친구는 제 2의 자신이다.
A friend is a second self.A FRIEND IS A SECOND SELF.
– 한둥근체 바탕 | Won batang

**친구는 제 2의 자신이다.**
**A friend is a second self.A FRIEND IS A SECOND SELF.**
– 한둥근체 바탕 Bold | Won batang bold

**친구는 제 2의 자신이다.**
**A friend is a second self. A FRIEND IS A SECOND SELF.**
– 한둥근체 제목 | Won title

ABCDEFGHIJKLMNOPQRSTUVWXYZ abcdefghijklmnopqrstuvwxyz
1234567890!@ $%^&*()_+\<>?

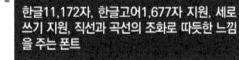
한글11,172자, 한글고어1,677자 지원, 세로쓰기 지원, 직선과 곡선의 조화로 따뜻한 느낌을 주는 폰트

# 윤디자인 — 민준

예쁜 손글씨 공모전 당선작 폰트

윤디자인 | TTF |
설치 URL : https://www.font.co.kr → [무료폰트] 메뉴, 회원가입 필요
특징 : 상업용 모든 영역 사용 가능, 수정, 변형, 재판매 안됨, 임베디드 별도 문의

예쁜 손글씨 공모전 당선작 폰트 중 선이 거칠고 볼륨감 변화가 있으며 붓글씨 느낌이 풍부하여 제목체로 가장 잘 어울리는 폰트임

친구는 제 2의 자신이다.
A friend is a second self.
A FRIEND IS A SECOND SELF. – Yoon 민준 | Yoon SMJ

세상의 모든, 불가피한 일들까지 덮어내고 있는 저 침묵의 움직임 너그러움 아름다움이 넓을 알게 합니다. 알리사! 오늘도 내 삶을 내 영혼을 주도하시는 이여, 새해 벽두의 서설 앞에 경허히 고개 숙입니다.

ABCDEFGHIJKLMNOPQRSTUVWXYZ abcdefghijklmnopqrstuvwxyz
1234567890!@ $%^&*()_+₩<>?

# 윤디자인—세희

예쁜 손글씨 공모전 당선작 폰트

친구는 제 2의 자신이다.
A friend is a second self.
A FRIEND IS A SECOND SELF. – Yoon 세희 | Yoon SSH

세상의 모든, 불가피한 일들까지 덮어내고 있는 저 침묵의 움직임 너그러움 아름다움이 넓을 알게 합니다. 알리사! 오늘도 내 삶을 내 영혼을 주도하시는 이여, 새해 벽두의 서설 앞에 경허히 고개 숙입니다.

ABCDEFGHIJKLMNOPQRSTUVWXYZ abcdefghijklmnopqrstuvwxyz
1234567890!@ $%^&*()_+₩<>?

# °윤디자인-아혜 +

윤디자인 | TTF |
설치 URL : https://www.font.co.kr → [무료폰트] 메뉴, 회원가입 필요
특징 : 상업용 모든 영역 사용 가능, 수정, 변형, 재판매 안됨, 임베디드 별도 문의

친구는 제 2의 자신이다.
A friend is a second self.
A FRIEND IS A SECOND SELF.      – Yoon 아혜 | Yoon SAH

세상의 모순, 불가피한 일들까지 덮어내고 있는 저 침묵의 움직임 너그러움 아름다움이
넋을 잃게 합니다. 알리사! 오늘도 내 삶을 내 영혼을 주도하시는 이여. 새해 벽두의 서
설 앞에 겸허히 고개 숙입니다.

ABCDEFGHIJKLMNOPQRSTUVWXYZ abcdefghijklmnopqrstuvwxyz
1234567890!@ $%^&*()_+₩<>?

# °윤디자인-지영 +

친구는 제 2의 자신이다.
A friend is a second self.
A FRIEND IS A SECOND SELF.    – Yoon 지영 | Yoon SJY

세상의 모순, 불가피한 일들까지 덮어내고 있는 저 침묵의 움직임 너그러움 아름다움이
넋을 잃게 합니다. 알리사! 오늘도 내 삶을 내 영혼을 주도하시는 이여. 새해 벽두의 서
설 앞에 겸허히 고개 숙입니다.

ABCDEFGHIJKLMNOPQRSTUVWXYZ abcdefghijklmnopqrstuvwxyz
1234567890!@ $%^&*()_+₩<>?

**상업용 무료 폰트**

# 윤디자인-지희

+ **예쁜 손글씨 공모전 당선작 폰트**

윤디자인 | TTF |
설치 URL : https://www.font.co.kr → [무료폰트] 메뉴, 회원가입 필요
특징 : 상업용 모든 영역 사용 가능, 수정, 변형, 재판매 안됨, 임베디드 별도 문의

친구는 제 2의 자신이다.
A friend is a second self.
A FRIEND IS A SECOND SELF.      – Yoon 지영 | Yoon SJH

세상의 모순, 불가피한 일들까지 덮어내고 있는 저 침묵의 움직임 너그러움 아름다움이 넋을 잃게 합니다. 알리사! 오늘도 내 삶을 내 영혼을 주도하시는 이여. 새해 벽두의 서설 앞에 겸허히 고개 숙입니다.

ABCDEFGHIJKLMNOPQRSTUVWXYZ abcdefghijklmnopqrstuvwxyz
1234567890!@ $%^&*()_+₩〈〉?

---

**상업용 무료 폰트**

# 윤디자인-형오

+ **예쁜 손글씨 공모전 당선작 폰트**

친구는 제 2의 자신이다.
A friend is a second self.
A FRIEND IS A SECOND SELF.      – Yoon 형오 | Yoon SHO

세상의 모순, 불가피진 일들까지 덮이네고 있는 지 침묵의 움직임 너그러움 아름다움이 넋을 잃게 합니다. 알리사! 오늘도 내 삶을 내 영혼을 주도하시는 이여. 새해 벽두의 서설 앞에 겸허히 고개 숙입니다.

ABCDEFGHIJKLMNOPQRSTUVWXYZ abcdefghijklmnopqrstuvwxyz
1234567890!@ $%^&*()_+₩〈〉?

# 윤디자인-흥수 +

윤디자인 | TTF |

설치 URL : https://www.font.co.kr → [무료폰트] 메뉴, 회원가입 필요

특징 : 상업용 모든 영역 사용 가능, 수정, 변형, 재판매 안됨, 임베디드 별도 문의

친구는 제 2의 자신이다.

A friend is a second self.

A FRIEND IS A SECOND SELF.

– Yoon 흥수 | Yoon SHS

세상의 모습, 불가피한 일들까지 덮어내고 있는 저 침묵의 움직임 너그러움 아름다움이 넓을 잃게 합니다. 알리사! 오늘도 내 삶을 내 영혼을 주도하시는 이여, 새해 벽두의 서설 앞에 겸허히 고개 숙입니다.

ABCDEFGHIJKLMNOPQRSTUVWXYZ abcdefghijklmnopqrstuvwxyz
1234567890!@ $%^&*()_+₩⟨⟩?

# 윤디자인-다정 +

친구는 제 2의 자신이다.

A friend is a second self.

A FRIEND IS A SECOND SELF.   – Yoon 다정 | Yoon SDJ

세상의 모습, 불가피한 일들까지 덮어내고 있는 저 침묵의 움직임 너그러움 아름다움이 넓을 잃게 합니다. 알리사! 오늘도 내 삶을 내 영혼을 주도하시는 이여. 새해 벽두의 서설 앞에 겸허히 고개 숙입니다.

ABCDEFGHIJKLMNOPQRSTUVWXYZ abcdefghijklmnopqrstuvwxyz
1234567890!@ $%^&*()_+₩⟨⟩?

# 산돌-한글아씨) 구봉두리샘

산돌 커뮤니케이션 | TTF |

설치 URL : http://www.fontclub.co.kr → [무료폰트] 메뉴

특징 : 상업용 모든 영역 사용 가능, 글꼴 출처 표기, 수정, 변형, 재판매 안됨

산돌커뮤니케이션과 서울여대 한글동아리 [한글아씨]와 산학협동 개발한 폰트

친구는 제 2의 자신이다.

A friend is a second self.

A FRIEND IS A SECOND SELF.

– 한글아씨-구봉두리샘L | HA-Goobongdoorisam L

친구는 제 2의 자신이다.

A friend is a second self.

A FRIEND IS A SECOND SELF.

– 한글아씨-구봉두리샘M | HA-Goobongdoorisam M

이 추위 지난 지 도 한참입니다. 겨울 속의 봄, 추위는 아재와 같이 옳을 아침 모양하])0도에) 가 까운 수은주를 분여주하셨습니다. 그러나 하나 주말의 휴리 창 너머에서 스며드는 햇살이 얼마나 아름답던지요. 창을 열고 긴 호흡으로 햇살을 모음에 받아 안았습니다. 기슴이 가슴에 스며든 햇살-함리사!

# ABCDEFGHIJKLMNOPQRSTUVWXYZ

# abcdefghijklmnopqrstuvwxyz

# 1234567890!@ $%^&*()_+₩()?

# 산돌-한글아씨 그네

산돌 커뮤니케이션 | TTF |

설치 URL : http:// www.fontclub.co.kr → [무료폰트] 메뉴

특징 : 상업용 모든 영역 사용 가능, 글꼴 출처 표기, 수정, 변형, 재판매 안됨

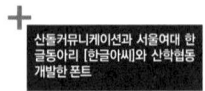
산돌커뮤니케이션과 서울여대 한
글동아리 [한글아씨]와 산학협동
개발한 폰트

친구는 제 2의 자신이다.
A friend is a second self.
A FRIEND IS A SECOND SELF.

– 한글아씨-그네L | HA-KeuneL

친구는 제 2의 자신이다.
A friend is a second self.
A FRIEND IS A SECOND SELF.

– 한글아씨-그네M | HA-KeuneM

친구는 제 2의 자신이다.
A friend is a second self.
A FRIEND IS A SECOND SELF.

– 한글아씨-그네B | HA-KeuneB

입춘이 지난 지도 한참입니다. 겨울 속의 봄. 우리는 어제와 같이 오늘 아침도 영하
10도에 가까운 수은주를 보여주었습니다. 그러나 한낮 주말의 유리창 너머에서 스며드
는 햇살이 얼마나 아름답던지요. 창을 열고 긴 호흡으로 햇살을 온몸에 받아 안았습
니다. 입춘이 가슴에 스며든 햇살-알지사!

ABCDEFGHIJKLMNOPQRSTUVWXYZ

abcdefghijklmnopqrstuvwxyz

1234567890!④ $%^&*()_+₩<>?

**상업용 무료 폰트**

# 산돌-한글아씨 나뭇가지

산돌 커뮤니케이션 | TTF |

설치 URL : http://www.fontclub.co.kr → [무료폰트] 메뉴

특징 : 상업용 모든 영역 사용 가능, 글꼴 출처 표기, 수정, 변형, 재판매 안됨

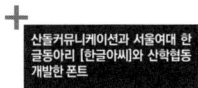

산돌커뮤니케이션과 서울여대 한
글동아리 [한글아씨]와 산학협동
개발한 폰트

친구는 제 2의 자신이다.

A friend is a second self.

A FRIEND IS A SECOND SELF.

– 한글아씨-나뭇가지L | HA-NamutgajiL

친구는 제 2의 자신이다.

A friend is a second self.

A FRIEND IS A SECOND SELF.

– 한글아씨-나뭇가지B |HA-NamutgajiB

입춘이 지난 지 또 한참입니다. 겨울 속의 봄. 추위는 어제와 같이 오늘 아침도 영하10도에 가까운 수은주를 보여주었
습니다. 그러나 한낮 주말의 유리창 너머에서 스며드는 햇살이 얼마나 아름답던지요. 창을 열고 긴 호흡으로 햇살
을 온몸에 받아 안았습니다. 깊숙이 가슴에 스며든 햇살-알리사!

ABCDEFGHIJKLMNOPQRSTUVWXYZ

abcdefghijklmnopqrstuvwxyz

1234567890!@ $%^&*()_+₩〈〉?

# ○산돌-한글아씨 세발자전거

산돌 커뮤니케이션 | TTF |

설치 URL : http://www.fontclub.co.kr → [무료폰트] 메뉴

특징 : 상업용 모든 영역 사용 가능, 글꼴 출처 표기, 수정, 변형, 재판매 안됨

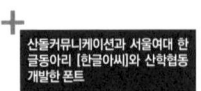

산돌커뮤니케이션과 서울여대 한글동아리 [한글아씨]와 산학협동 개발한 폰트

친구는 제 2의 자신이다.

A friend is a second self.

A FRIEND IS A SECOND SELF.

– 한글아씨-세발자전거L | HA-SebaljajungerL

친구는 제 2의 자신이다.

A friend is a second self.

A FRIEND IS A SECOND SELF.

– 한글아씨-세발자전거B | HA-SebaljajungerB

밤이 지난 지 또 한참입니다. 겨울속의 봄 추위는 어제와 같이 오늘 아침도 영하10도에 가까운 수은주를 보여주었습니다. 그러나 한낮 주방의 유리창 너머에서 스며드는 햇살이 얼마나 아름답던지요. 창을 열고 긴 호흡으로 햇살을 온몸에 받아 안았습니다. 깊숙이 가슴에 스며든 햇살-알리사!

ABCDEFGHIJKLMNOPQRSTUVWXYZ

abcdefghijklmnopqrstuvwxyz

1234567890!@ $%^&*()_+₩()?

상업용 무료 폰트

# 산돌-한글아씨 청둥오리

산돌 커뮤니케이션 | TTF |

설치 URL : http://www.fontclub.co.kr → [무료폰트] 메뉴

특징 : 상업용 모든 영역 사용 가능, 글꼴 출처 표기, 수정, 변형, 재판매 안됨

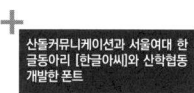

산돌커뮤니케이션과 서울여대 한글동아리 [한글아씨]와 산학협동 개발한 폰트

친구는 제 2의 자신이다.

A friend is a second self.

A FRIEND IS A SECOND SELF.

- 한글아씨-청둥오리L | HA-ChungdoongoriL

친구는 제 2의 자신이다.

**A friend is a second self.**

**A FRIEND IS A SECOND SELF.**

- 한글아씨-청둥오리B | HA-ChungdoongoriB

입춘이 지난 지 또 한참입니다. 겨울 속의 봄, 추위는 어제와 같이 오늘 아침도 영하10도에 가까운 수은주를 보여 주었습니다. 그러나 한낮 주말의 유리창 너머에서 스며드는 햇살이 얼마나 아름답던지요. 창을 열고 긴 호흡으로 햇살을 온몸에 받아 안았습니다. 깊숙이 가슴에 스며든 햇살~알리샤!

ABCDEFGHIJKLMNOPQRSTUVWXYZ

abcdefghijklmnopqrstuvwxyz

1234567890!@ $%^&*()_+₩〈〉?

# 산돌-한글아씨 크로키

산돌 커뮤니케이션 | TTF |

설치 URL : http://www.fontclub.co.kr → [무료폰트] 메뉴

특징 : 상업용 모든 영역 사용 가능, 글꼴 출처 표기, 수정, 변형, 재판매 안됨

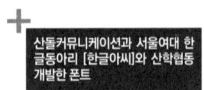

산돌커뮤니케이션과 서울여대 한
글동아리 [한글아씨]와 산학협동
개발한 폰트

친구는 제 2의 자신이다.

A friend is a second self.

A FRIEND IS A SECOND SELF.

– 한글아씨-크로키M | HA-CroquisM

친구는 제 2의 자신이다.

A friend is a second self.

A FRIEND IS A SECOND SELF.

– 한글아씨-크로키B | HA-CroquisB

입춘이 지난 지 또 한참입니다. 겨울 속의 봄. 추위는 어제와 같이 오늘 아침도 영
하10도에 가까운 수은주를 보여주었습니다. 그러나 한낮 주말의 유리창 너머에서
스며드는 햇살이 얼마나 아름답던지요. 창을 열고 긴 호흡으로 햇살을 온몸에 받아
안았습니다. 깊숙이 가슴에 스며든 햇살-알리사!

ABCDEFGHIJKLMNOPQRSTUVWXYZ

abcdefghijklmnopqrstuvwxyz

1234567890!@ $%^&*()_+₩()?

상업용 무료 폰트

# 산돌 – 한글아씨 테트리스

산돌 커뮤니케이션 | TTF |

설치 URL : http://www.fontclub.co.kr → [무료폰트] 메뉴

특징 : 상업용 모든 영역 사용 가능, 글꼴 출처 표기, 수정, 변형, 재판매 안됨

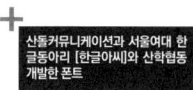

산돌커뮤니케이션과 서울여대 한글동아리 [한글아씨]와 산학협동 개발한 폰트

친구는 제 2의 자신이다.

A friend is a second self.

A FRIEND IS A SECOND SELF.

– 한글아씨-테트리스L | HA-TetrisL

**친구는 제 2의 자신이다.**

**A friend is a second self.**

**A FRIEND IS A SECOND SELF.**

– 한글아씨-테트리스M | HA-TetrisM

입춘이 지난 지 또 한참입니다. 겨울 속의 봄. 추위는 어제와 같이 오늘 아침도 영하10도에 가까운 수은주를 보여주었습니다. 그러나 한낮 주말의 유리창 너머에서 스며드는 햇살이 얼마나 아름답던지요. 창을 열고 긴 호흡으로 햇살을 온몸에 받아 안았습니다. 깊숙이 가슴에 스며든 햇살 – 알리사!

ABCDEFGHIJKLMNOPQRSTUVWXYZ

abcdefghijklmnopqrstuvwxyz

1234567890!@ $%^&*()_+₩<>?

**❶** **나눔 명조** 80pt, 자간 -50

**❷** **KopubDotum Medium & Bold**  19pt, 자간 -50

**❸** **본고딕 Medium  208pt, 자간** -100

**❹** **나눔 고딕 ExtraBold** 88pt, 자간 -100

**❺** **본고딕 Medium**  12pt, 자간 -50

**❻** **본고딕 Regular**  17pt, 장평 95% 자간 -50

**❼** **본고딕 Regular**  13pt, 자간 -10

제목은 '3D 프린터'이지만 '나는 콘텐츠닷!'이라는 부제가 한눈에 들어오도록 디자인하고 싶었습니다. 그래서 '나는 콘텐츠닷!' 글자는 돌기가 매력적이고 주목성이 높으면서 세련된 느낌을 주는 나눔 명조를 사용했습니다.

소제목은 주목성을 높이기 위해 획이 두껍고 **네모꼴의 바른 고딕 형태여서 본문 글꼴로 사용하기 적합한 Kopub Dotum 폰트**를 사용했고, '3D' 글자에는 본고딕 폰트를 사용했습니다. 모양이 서로 비슷한 이 폰트들은 편안한 네모꼴 구조를 가지고 있어 본문체로 이용하기에 적합합니다. 특히 **본고딕은 획의 두께에 따른 패밀리군이 7가지가 되므로 섬세하게 두께를 조절하기에 편리**합니다. 그러나 'C'나 '3'처럼 뚫려 있는 부분이 있는 글은 뚫린 부분이 많이 열려 있습니다. **뚫린 부분이 많으면 시원스럽고 세련된 느낌을 주지만 제목으로 큰 글자로 사용할 경우 글자간의 균형이 깨질 수 있으므로 사용에 주의가** 필요합니다.

'프린터' 제목글은 나눔 고딕을 사용했는데 본고딕과 달리 정렬이 상단 기준선에 정렬되어 하단 부분이 일괄적으로 정렬되지 않는 탈네모꼴을 가지고 있습니다. **탈네모꼴은 주목성은 좋지만 장문의 글을 나열할 경우 안정적으로 보이지 않고 오히려 주목성을 해칠 수도 있습니다.**

❶ **나눔바른고딕 Bold** 44pt, 자간 300
❷ **KopubBatang Light** 25pt, 자간 -50
❸ **KopubBatang Light** 8pt, 자간 -100

　　제목은 너무 튀지 않고 바른 글자로 안정감 있게 표현하고자 하였습니다. 상단에 배치한 제목은 모두 나눔바른고딕 폰트를 이용했는데 **나눔바른고딕은 나눔고딕보다 폭이 좁고 기준선이 낮으며 획의 모서리가 나눔고딕보다 각져 있어 나눔고딕 폰트보다 안정감**있게 보입니다.

　　하단의 글들은 **Kopub Batang 폰트를 이용하여 편안한 느낌**을 주었습니다. 글자 영역에 글자가 고르게 꽉 차 있는 대표적인 네모꼴 폰트라서 바른 명조체로 보이도록 사용하기에 적합한 폰트입니다.

❶ **서울 남산장체 Cl, CB** 83pt
❷ **서울남산체 L, B** 36p, 자간 -75
❸ **함초롬 돋움** 10pt, 자간 -50

　제목은 서울남산장체 폰트를 이용하여 두께를 이용하여 배치하였고 소제목은 서울남산체 폰트를 이용하여 꾸며 보았습니다.

　**서울남산 폰트는 고딕체지만 부드러운 곡선을 가지고 있는 매력적인 폰트입니다. 'ㅅ'자처럼 사선으로 뻗는 획이 있는 문자를 살펴보면 무척 세련된 곡선으로 이루어져 있고 'ㅎ'자처럼 독특한 모양을 가지고 있는 것이 서울남산체의 특징**이라 할 수 있습니다.

　서울남산장체와 서울남산체는 모양은 비슷하지만 글자폭에 차이가 있습니다. 제목에 사용된 **서울남산장체는 장평이 좁아 본문보다는 제목 등 주목성이 요구되는 요소에 사용하기 적합**합니다.

　소제목 밑에 작은 글은 함초롬 돋움체를 이용했습니다. **함초롬 돋움체는 장평이 좁으면서 고딕의 심플함과 탈명조 모습을 가지고 있어** 개성이 넘치는 폰트로 본문체로 이용하기에 적합합니다.

① 윤디자인-밝은체
② 윤디자인-민준

윤디자인의 예쁜 손글씨 공모전 폰트들은 아기자기한 필기체 폰트입니다. 여기서는 제목에 **'윤디자인-민준' 폰트를 사용해 보았습니다. 붓글씨의 느낌을 주는 폰트로, 제목 폰트로 잘 어울립니다.** 단, 예쁜 손글씨 공모전 폰트는 글자 영역에 채우는 글자 영역이 불규칙하여 글자 모양에 따라 간격이 매우 좁거나 넓게 띄어져 보입니다. 전체적으로 자간이 넓은 편이므로 폰트 사용 시 자간을 좁게 설정해줍니다. 또는 **글자를 아웃라인으로 변경한 후 글자별로 자간을 임의로 조절**하는 것도 방법이라 할 수 있습니다.

소제목에는 윤디자인의 밝은체를 사용했습니다. **밝은체**는 고딕체처럼 심플한 느낌을 가지고 있는 명조체 폰트입니다. **삐침 부분이 바람에 날리는 듯한 모양이 세련된 느낌**을 줍니다.

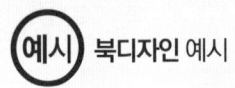

❷

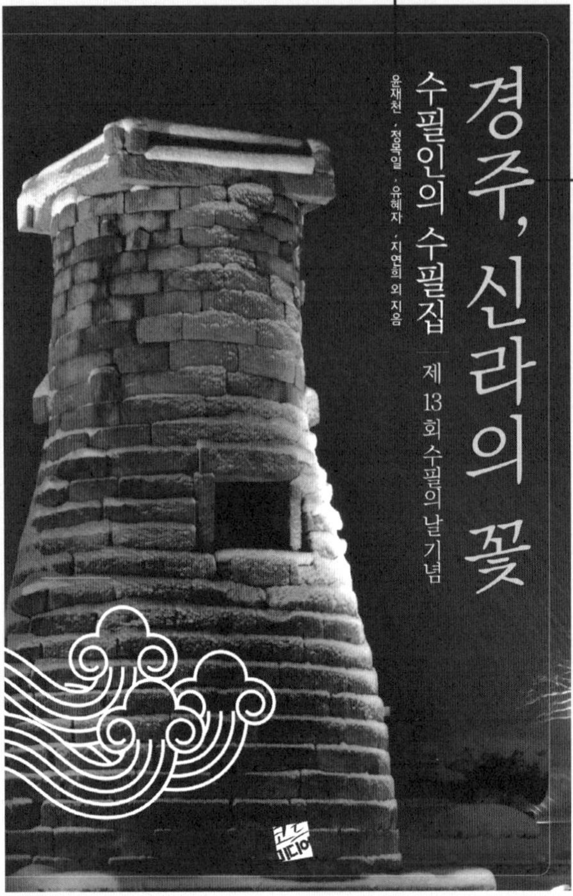
경주, 신라의 꽃
수필인의 수필집
제 13회 수필의 날 기념
윤재천 · 정목일 · 유혜자 · 지연희 외 지음

❶

❶ 제주 명조체

❷ 제주 고딕체

제주 명조체는 가독성이 높은 평이한 본문체이지만 곳곳에 개성이 넘치는 매력적인 부분이 많이 숨겨져 있습니다. 흔히 'ㅇ'자는 위에 상투(삐침)이 있지만 **제주 명조체는 상투가 없고 획의 두께를 고르게 설정하여 가독성**을 높였습니다. Kopub 바탕체와 비슷하지만 Kopub 바탕체보다 장평이 좁습니다.

예시에서는 제목에 제주 명조체를 이용한 후 글자를 기울였습니다. 그리고 바르게 정렬하기 위해서 아웃라인으로 변경한 후 글자 위치를 재배치합니다. 소제목에 사용한 기울이지 않은 제주 명조체를 살펴보면 무난한 명조로 편안함을 주는 폰트임을 알 수 있습니다.

① 나눔명조, 본고딕, 윤디자인-민준
② **성동 명조 B** 10pt, 자간 -50%, 줄간격 13pt

다음 예시는 나눔명조, 윤디자인-민준, 윤디자인-민준, 본고딕, 윤디자인-민준 순으로 여러 개의 폰트를 종합해서 꾸민 것입니다. '들'과 '나'에는 **명조와 고딕체를 사용하여 기준을 잡고 나머지 글자에는 필기체인 윤디자인-민준 폰트를 이용하여 리듬**을 주었습니다. 여러 개의 폰트를 함께 이용할 경우에는 가독성이 높은 보편적인 폰트인 명조 또는 고딕체와 필기체와 같이 주목성이 가능한 폰트를 함께 이용하여 멋들어진 효과를 연출할 수 있습니다.

밑에 글은 글자의 하단 부분이 불규칙하여 글자에 리듬을 주는 성동 명조체를 사용하였습니다.

다음은 Kopub 바탕체로 꾸민 제목입니다. 제주 명조체와 비슷한 모양을 가지고 있는 Kopub 바탕체는 획의 두께에 따라 3가지의 패밀리 군을 제공하여 획의 두께에 따른 선택이 자유롭습니다.

**①** 산돌-한글아씨 크로키

**②** 청소년체 11pt, 자간 -50%, 줄간격 18pt

    위 예시의 제목은 붓글씨처럼 시원시원하게 획이 뻗어 나오는 산돌-한글아씨 크로키 폰트를 이용했습니다. 글자 간격이 불규칙하기 때문에 글자를 아웃라인으로 변환한 후 간격을 조절했으며 '달'과 '꾸' 글자의 **수직 방향으로 뻗어 있는 획을 일러스트레이터에서 길게 늘려 선을 강조**했습니다.

    하단의 글자는 바른 고딕체 모양을 가지고 있는 청소년체를 이용하였습니다. 청소년체는 글자 영역에 글자가 꽉 차는, 빈 공간 없이 구성되어 있는 글자로 가독성이 매우 우수하지만 조금 답답해 보일 수 도 있는 폰트로 글자 간격과 줄 간격을 띄어 글자들이 뭉쳐 보이지 않도록 구성하도록 합니다.

**예시** 북디자인 예시

❶ 산돌 한글아씨-청둥오리
❷ 배달의 민족-주아

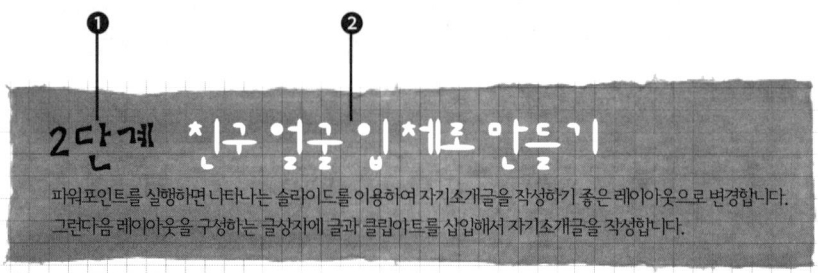

2단계 친구 얼굴 입체로 만들기

파워포인트를 실행하면 나타나는 슬라이드를 이용하여 자기소개글을 작성하기 좋은 레이아웃으로 변경합니다.
그런다음 레이아웃을 구성하는 글상자에 글과 클립아트를 삽입해서 자기소개글을 작성합니다.

❶ 산돌 한글아씨-나뭇가지
❷ 산돌 한글아씨-그네

　다음 예시는 초등학생을 위한 타자 속도를 기록하는 타수체크란 페이지입니다. 흥미를 유발할 수 있도록 산동 한글아씨-청둥오리 폰트를 이용하여 제목을 꾸몄습니다. **이음줄기의 물결 모양은 청둥오리 폰트의 매력적인 포인트**입니다. 제목에 주목성을 높이기 위해 점선 테두리 효과와 그림자 효과를 주어서 꾸몄습니다.

　표의 내용에 들어가는 글자는 **배달의 민족-주아체**를 사용했습니다. **획이 두꺼워 목록이 한 눈에 잘 들어오면서 주아체의 손글씨 구성이 편안함과 재미**를 불러일으킵니다.

- - - - - - - - - - - - - - - - - - - - - - - - - - - - - - - - - - - - - - - - - - - - -

　위 예제는 초등학생 교재의 섹션 제목에 사용된 디자인입니다. 섹션 번호는 **산돌 한글아씨-나뭇가지 폰트**를 이용했고 섹션 제목은 **산돌-한글아씨 그네 폰트**를 이용하여 **학생이 흥미를 느낄 수 있도록 재미있는 폰트**를 이용했습니다. 산돌-한글아씨 그네 폰트는 **'ㅇ'자 안에 구멍이 뚫려 있지 않아** 가독성이 떨어져 보일 수 있습니다. 글자를 아웃라인으로 변환해서 임의로 구멍을 뚫어야 합니다.

미국 블룸버그발표 세계 억만장자 순위

2014. 10. 09

#14위
마크
저커버그
페이스북 CEO

| 1 | 2 | 3 | 4 | | | 7 | 8 | 9 | 10 |
|---|---|---|---|---|---|---|---|---|---|
| -$1.4B | -$1.5B | -$225.4M | | | | 4.3M | -$667.7M | +$78.9M | +$152.9M |
| GATES | SLIM | BUFFETT | | | | SON | KAMPRAD | WALTON | WALTON |

| 11 | 12 | 13 | 14 | 15 | 16 | 17 | 18 | 19 | 20 |
|---|---|---|---|---|---|---|---|---|---|
| +$149.6M | +$151.4M | $0M | -$1.3B | -$791.7M | -$270.8M | -$777.8M | -$272.9M | -$97.4M | -$334.1M |
| WALTON | WALTON | ALWALEED | ZUCKERBERG | PAGE | BETTENCOURT | BRIN | LI | ADELSON | BEZOS |

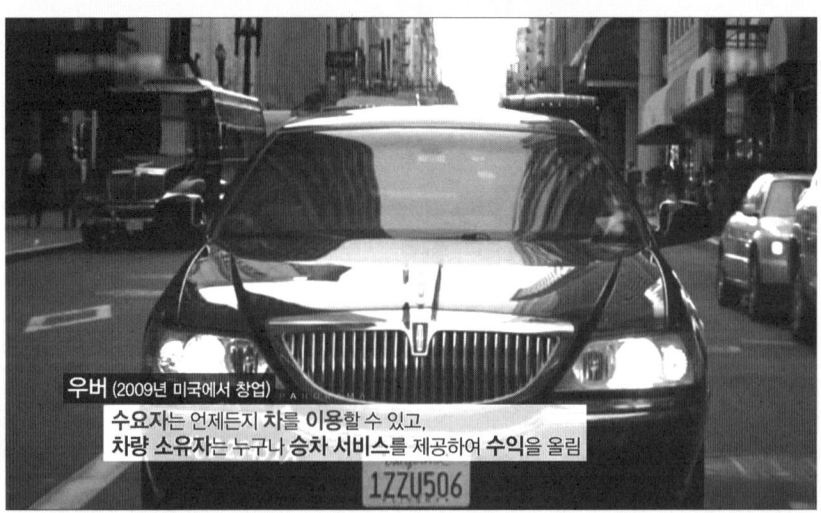

우버 (2009년 미국에서 창업)
수요자는 언제든지 차를 이용할 수 있고,
차량 소유자는 누구나 승차 서비스를 제공하여 수익을 올림

방송에서 재미를 유발하거나 정보를 제공하기 위해 자막 처리를 많이 합니다. 예전에는 전형적인 형식의 폰트를 이용했다면 최근에는 콘텐츠 성격에 알맞은 재미있고 독특한 폰트를 다양하게 사용하고 있습니다.

다음 예시에 사용된 폰트는 **배달의 민족 한나체** 입니다. **획이 두껍고 선이 불규칙한 고딕체**로 너무 색다르지 않는 범위에서 **개성을 돋보일 수** 있는 폰트로 방송, 광고, 웹페이지에서 매우 많이 사용되고 있습니다. 투박해보일 것 같지만 실제로 사용해보면 매우 **세련된 느낌**을 주기 때문에 제목체로 사용하기에 적당한 폰트라고 생각합니다.

다음 예시의 자막에 사용된 폰트는 **본고딕**입니다. 본고딕은 **전형적인 고딕체 스타일**로 **획의 두께에 따라 6가지 패밀리군**을 제공합니다. 예시에 사용된 폰트도 3가지 두께를 이용하여 텍스트에 변화를 주었습니다.

**방송이나 광고** 등에서는 텍스트가 **눈에 잘 띄어야** 하기 때문에 **획이 두껍고 깔끔한 폰트**를 선호합니다. 본고딕은 독특한 느낌을 주는 폰트는 아니지만 방송이나 광고에 사용하기에 적합한 **가독성**을 가지고 있기 때문에 **정보 제공을 목적으로 하는 텍스트에 사용**하기에 적합합니다.

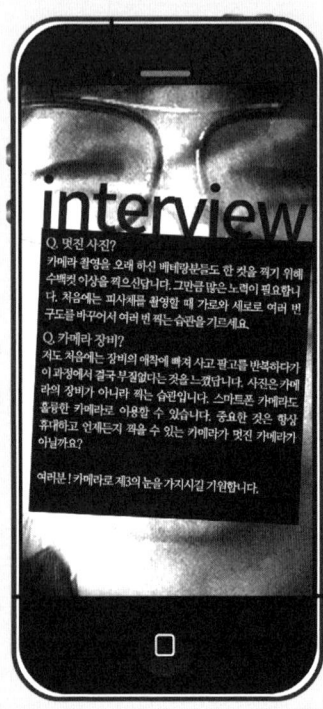

다음은 모바일 콘텐츠에 사용된 예시입니다. 포토샵을 이용하여 텍스트로 정보 콘텐츠를 꾸몄습니다. 이 예시에 사용된 폰트는 **고딕은 본고딕, 명조는 나눔 명조**를 사용하였습니다. 나눔 명조는 명조의 형태를 가지고 있지만 **획이 고딕체처럼 직선적인 느낌**을 가지고 있기 때문에 **제목으로 사용할 때 나눔 명조의 진가**를 느낄 수 있습니다.

모바일 콘텐츠를 제작할 때 주의해야 할 점은 **가독성**입니다. 작은 화면에 정보를 보여주어야 하므로 폰트를 사용할 때 **획의 두께를 화면에 보이는 것보다 더 두껍게 표시**해야 하며 폰트 색상은 **배경색과 대비가 높은 색**을 사용해야 합니다. 모바일 액정은 뒷면에서 빛을 쏘기 때문에 연한 색은 제대로 표현되지 않을 수 있기 때문입니다. 작업을 한 후에는 모니터 화면을 믿지 말고 반드시 모바일 기기로 띄워서 정상적으로 보이는지 확인해야 함을 잊지 마세요.

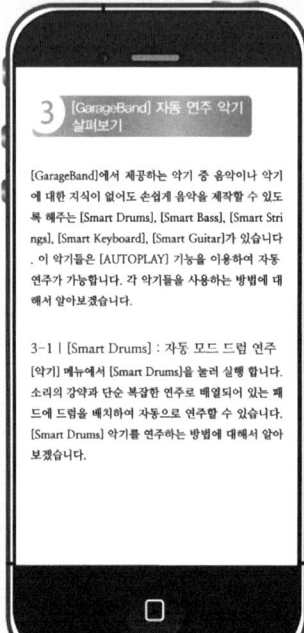

3 [GarageBand] 자동 연주 악기 살펴보기

[GarageBand]에서 제공하는 악기 중 음악이나 악기에 대한 지식이 없어도 손쉽게 음악을 제작할 수 있도록 해주는 [Smart Drums], [Smart Bass], [Smart Strings], [Smart Keyboard], [Smart Guitar]가 있습니다. 이 악기들은 [AUTOPLAY] 기능을 이용하여 자동 연주가 가능합니다. 각 악기들을 사용하는 방법에 대해서 알아보겠습니다.

3-1 | [Smart Drums] : 자동 모드 드럼 연주
[악기] 메뉴에서 [Smart Drums]을 눌러 실행 합니다. 소리의 강약과 단순 복잡한 연주로 배열되어 있는 패드에 드럼을 배치하여 자동으로 연주할 수 있습니다. [Smart Drums] 악기를 연주하는 방법에 대해서 알아보겠습니다.

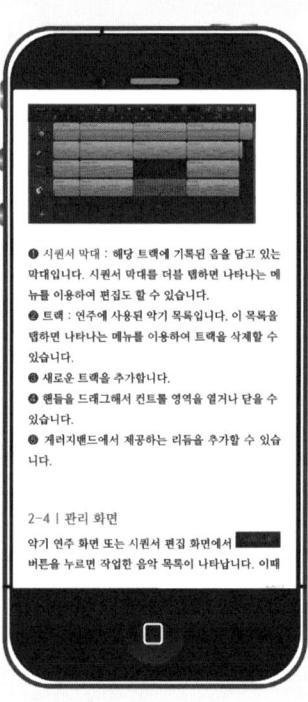

❶ 시퀀서 막대 : 해당 트랙에 기록된 음을 담고 있는 막대입니다. 시퀀서 막대를 더블 탭하면 나타나는 메뉴를 이용하여 편집도 할 수 있습니다.
❷ 트랙 : 연주에 사용된 악기 목록입니다. 이 목록을 탭하면 나타나는 메뉴를 이용하여 트랙을 삭제할 수 있습니다.
❸ 새로운 트랙을 추가합니다.
❹ 핸들을 드래그해서 컨트롤 영역을 열거나 닫을 수 있습니다.
❺ 게러지밴드에서 제공하는 리듬을 추가할 수 있습니다.

2-4 | 관리 화면
악기 연주 화면 또는 시퀀서 편집 화면에서 [       ] 버튼을 누르면 작업한 음악 목록이 나타납니다. 이때

다음은 전자책에 사용된 예시입니다. **나눔 명조 폰트**를 **전자책에 임베디드**하여 언제나 나눔 명조를 이용하여 텍스트를 표시하게 만들었습니다. 전자책은 사용자의 모바일 기기의 액정 크기에 따라 표현되는 디스플레이 영역이 달라지기 때문에 폰트 크기를 지정할 때 **상대적인 폰트 크기를 지정할 수 있는 em 단위**를 사용합니다. **본문 텍스트는 0.9~1em 정도**로 설정하고, **소제목 텍스트는** 1~1.2em 크기로 지정해서 꾸미면 됩니다.

무료 폰트에서는 나눔 폰트와 Kopub 폰트를 임베디드 폰트로 많이 사용하는데 만일 상업용이나 기타 폰트를 이용할 경우 **임베디드 폰트 이용이 가능한지 확인** 후 사용하고, 사용된 폰트는 판권 부분에 **폰트 출처 표기**를 해주도록 합니다.

임베디드 폰트의 개수는 제한되어 있지 않지만 전자책 서점에서는 전자책으로 최종 저장되는 epub 파일의 파일 크기를 제한하고 있기 때문에 임베디드 폰트는 필요한 최소의 개수만 이용하도록 합니다.

▲ Kopub 바탕 Light

▲ 나눔 명조 Regular

본문체로 사용하기 적합한 Kopub 바탕과 나눔 명조를 비교해 보 았습니다. 폰트 모양에서 큰 차이는 'ㅇ' 자 위의 삐침인 상투가 있 고 없고 차이가 있습니다. 그리고 Kopub 바탕은 가독성 중심으로 디자인된 폰트여서 획 두께가 두껍고 균일한 반면 나눔 명조는 획 두께에 변화를 주어 세련된 느낌을 줍니다.

지연희 수필집

## 씨앗

▲ Kopub 돋움 Light

지연희 수필집

## 씨앗

▲ 나눔 고딕 Regular

지연희 수필집

## 씨앗

▲ 본고딕 Regular

제목체로 사용하기 적합한 고딕체인 Kopub 돋움과 나눔 고딕, 본고딕을 비교해 보았습니다. 나눔 고딕은 쌍시옷을 겹치게 표현된 나눔 고딕이 매력적으로 보이고, 본고딕은 폰트의 중심을 가운데에 맞추어 안정적인 느낌을 줍니다.

# 03 대표 한글 폰트 개발사

국내 대표적인 폰트 개발사의 한글 폰트를 중심으로

개발사의 특징과 폰트들에 대해서 알아보겠습니다.

# ◯ 윤디자인

http://www.yoondesign.com        http://www.font.co.kr

한글 디지털폰트 개발 1세대 업체로 디자이너들이 가장 많이 사용하는 윤명조, 윤고딕을 필두로 수많은 글꼴들을 제공하고 있습니다. 윤소호 등의 패키지 상품부터 낱개폰트를 구매해서 이용할 수 있을 뿐만 아니라 저렴한 월 사용료를 지불하면 다양한 폰트를 이용할 수 있는 윤멤버십 서비스도 제공하고 있습니다.

혁신은 리더와 추종자를 구분하는 잣대입니다.

– 윤명조 700

혁신은 리더와 추종자를 구분하는 잣대입니다.

– 윤고딕 700

혁신은 리더와 추종자를 구분하는 잣대입니다.

– 연꽃

혁신은 리더와 추종자를 구분하는 잣대입니다.

– DS 모멘딕가이

혁신은 리더와 추종자를 구분하는 잣대입니다.

– 블랙핏

혁신은 리더와 추종자를 구분하는 잣대입니다.

– 북촌 마을

혁신은 리더와 추종자를 구분하는 잣대입니다.

– 머리정체

혁신은 리더와 추종자를 구분하는 잣대입니다.

– 유려

혁신은 리더와 추종자를 구분하는 잣대입니다.

– 피아노

혁신은 리더와 추종자를 구분하는 잣대입니다.

– 낙서

혁신은 리더와 추종자를 구분하는 잣대입니다.

– 카피라이트

혁신은 리더와 추종자는 구분하는 잣대입니다.

– 맹꽁이

혁신은 리더와 추종자를 구분하는 잣대입니다.

– 갯마을

혁신은 리더와 추종자를 구분하는 잣대입니다

– 고추잠자리

혁신은 리더와 추종자를 구분하는 잣대입니다.

– 수채화

혁신은 리더와 추종자를 구분하는 잣대입니다.

– 쉬리

**혁신은 리더와 추종자를 구분하는 잣대입니다.**

– 구름

내일은 희망
▲ DS 로맨틱가이

시계문학 상품 번째 이야기

꽃들의 수다

▲ 연꽃

성곽의 美
수원화성
▲ DS 로맨틱가이, DFKai-SB, 윤명조310

바쁜 웃음꽃
▲ 블랙핏

덕수궁 석조전,
대한제국 역사관으로 태어나다
▲ 거북상회, 머리정체2

그땐
몰랐네
▲ 유려

뉘요?
▲ 구름

꽃사이
사이
바람
▲ 고추잠자리

향기로운 항구를
수놓은 그림 앞에서
▲ 쾌남열차

엄마의 밥상

▲ 야화

비주얼 톡톡1<sup>미니</sup>

▲ 율려

남자는 오레오라고 쓴 과자케이스를 들고 있었TV

▲ 봄날

물크러질 듯 물컹한 S

▲ 코스모스D

해는 져도 하늘을 떠나지 않는다

▲ 우체국

치유와 희망의 메시지, 힐링 갤러리

▲ 아스팔트

세상은 만화다

▲ 더티폰트

학교 업무에 꼭 필요한 컴퓨터 활용 BEST 30

▲ 윤고딕250, 윤명조120

홍콩, 심천, 마카오 해외문학기행

▲ 운현궁

# 윤명조, 윤고딕 시리즈 특징

윤명조와 윤고딕체는 디자이너가 가장 선호하는 폰트로 본문체뿐만 아니라 표지, 방송 등 다양한 장르에 많이 사용되고 있습니다. 1994년 100시리즈를 출시한 후 다양한 시리즈를 개발해왔으며 각 시리즈의 특징은 다음과 같습니다.

| 윤명조Yoon110 | 윤명조Yoon120 | 윤명조Yoon130 | 윤명조Yoon140 | 윤명조Yoon150 | 윤명조Yoon160 |
| 윤고딕Yoon110 | 윤고딕Yoon120 | 윤고딕Yoon130 | 윤고딕Yoon140 | 윤고딕Yoon150 | 윤고딕Yoon160 |

**100시리즈** : 네모꼴, 숫자 가변꼴, 글자 너비 1000, 빈칸 너비 500

| 윤명조Yoon220 | 윤명조Yoon230 | 윤명조Yoon240 | |
| 윤고딕Yoon220 | 윤고딕Yoon230 | 윤고딕Yoon240 | 윤고딕Yoon250 |

**200시리즈** : 탈네모꼴, 숫자 가변꼴(고딕), 글자 너비 1000, 빈칸 너비 (명조 500, 고딕 900)

| 윤명조Yoon310 | 윤명조Yoon320 | 윤명조Yoon330 | 윤명조Yoon340 | 윤명조Yoon350 | 윤명조Yoon360 |
| 윤고딕Yoon310 | 윤고딕Yoon320 | 윤고딕Yoon330 | 윤고딕Yoon340 | 윤고딕Yoon350 | 윤고딕Yoon360 |

**300시리즈** : 네모꼴, 숫자 고정폭, 글자 너비 1000, 빈칸 너비 500

| 윤명조Yoon520 | 윤명조Yoon530 | 윤명조Yoon540 | 윤명조Yoon550 |
| 윤고딕Yoon520 | 윤고딕Yoon530 | 윤고딕Yoon540 | 윤고딕Yoon550 |

**500시리즈** : 네모꼴, 숫자 고정폭, 글자 폭 줄임(글자 너비 900, 빈칸 너비 300)

| 윤명조Yoon115 | 윤명조Yoon125 | 윤명조Yoon135 | 윤명조Yoon145 | 윤명조Yoon155 | 윤명조Yoon165 |
| 윤고딕Yoon115 | 윤고딕Yoon125 | 윤고딕Yoon135 | 윤고딕Yoon145 | 윤고딕Yoon155 | 윤고딕Yoon165 |

**105시리즈** : 네모꼴, 숫자 고정폭, 글자 너비 1000, 빈칸 너비 350

| 윤명조Yoon710 | 윤명조Yoon720 | 윤명조Yoon730 | 윤명조Yoon740 | 윤명조Yoon750 |
| 윤명조Yoon760 | 윤명조Yoon770 | 윤명조Yoon780 | 윤명조Yoon790 | |

| 윤고딕Yoon710 | 윤고딕Yoon720 | 윤고딕Yoon730 | 윤고딕Yoon740 | 윤고딕Yoon750 |
| 윤고딕Yoon760 | 윤고딕Yoon770 | 윤고딕Yoon780 | 윤고딕Yoon790 | |

**700시리즈** : 네모꼴, 숫자 가변폭, 글자 너비 1000, 빈칸 너비 500, 획을 단순화한 세련된 폰트, 고딕체는 획 두께에 따른 자소 변화를 줌

도 쌍
**도 쌍**

윤고딕 710과 790의 글자 모양 차이 ▶

# ○ 산돌 커뮤니케이션

http://www.sandoll.co.kr    http://www.fontclub.co.kr

MS-Office의 기본 글꼴인 맑은 고딕, 애플의 한글 폰트인 산돌 고딕 등을 개발했고 귀여운 광수체까지 개성 있는 폰트를 개발하고 있는 한글 디지털폰트 개발 1세대 업체입니다. [폰트클럽] 홈페이지 (http://www.fontclub.co.kr)에서 다양한 패키지부터 낱개 폰트를 구매할 수 있으며 월 정액제로 다양한 폰트를 이용할 수 있는 산돌 구름 서비스도 제공하고 있습니다.

혁신은 리더와 추종자를 구분하는 잣대입니다.
— 산돌광수블러

혁신은 리더와 추종자를 구분하는 잣대입니다.
— 산돌02

혁신은 리더와 추종자를 구분하는 잣대입니다.
— 산돌단아

혁신은 리더와 추종자를 구분하는 잣대입니다.
— 산돌상아

혁신은 리더와 추종자를 구분하는 잣대입니다.
— 산돌신문제비

혁신는 리더와 추종자를 구분하는 잣대입니다.
— 산돌이동진

혁신은 리더와 추종자를 구분하는 잣대입니다.
— 산돌옥원중화연

혁신은 리더와 추종자를 구분하는 잣대입니다.
- 산돌 제비

혁신은 리더와 추종자를 구분하는 잣대입니다.
- 산돌 비상

혁신은 리더와 추종자를 구분하는 잣대입니다.
- 산돌 단아

혁신은 리더와 추송자를 구분하는 잣대입니다.
- 산돌 들풀

혁신은 리더와 추종자를 구분하는 잣대입니다.
- 산돌 카리스마

혁신은 리더와 추종자를 구분하는 잣대입니다.
- 산돌 이야기

혁신은 리더와 추종자를 구분하는 잣대입니다.
- 산돌 피카소

혁신은 리더와 추종자를 구분하는 잣대입니다.
- 산돌 붐

혁신은 리더와 추종자를 구분하는 잣대입니다.
- 산돌 개벽

혁신은 리더와 추종자를 구분하는 잣대입니다.
- 산돌 까치발

곁에 있나요

▲ 산돌 단아

물든다는 것

▲ 산돌 상아

스마트 모바일 오피스 가이드북

▲ 산돌 카리스마

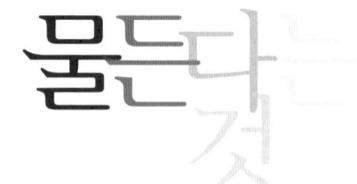

갤럭시 스마트 폰 살펴보기

▲ 산돌 들풀

수필의 역사를 짓다

▲ 산돌 피카소

둘이어서 참 좋다

▲ 산돌 구운몽

내 마음 봄날 되어

김무한 감성서집

▲ 산돌 옥원중화연

두릅 순 향기 일곱 살 아이

▲ 산돌 성경

내 생애 가장 기억에 남을

▲ 산돌 비상

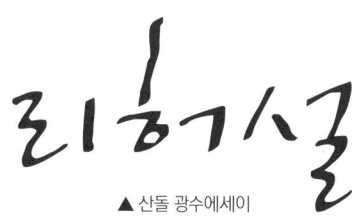

▲ 산돌 광수에세이

따라토너의 자세로
페이스 조절을 하면서
러테이 문학 세계를 탐구하고
활동을 멈추지 않는,
송원희 소설가

▲ 산돌 02

▲ 산돌 광수 블러

미리보기

▲ 산돌 종이학

차례

▲ 산돌 이동진

촬영부터 인화, 보정까지 세상 모든 카메라와
사진 촬영을 위한 상식 대백과

올댓카메라

▲ 산돌 단아, 산돌 돌

인터넷으로
봄철 건강 관리법 정보 찾기

▲ 산돌 북

수필문학계의 훈남 이현복
수필춘추 발행인에게서
문학인의 덕목을 깨우치다

▲ 산돌 아람, 나눔 브러시

# ○ 직지소프트

http://www.smfont.com

1988년부터 서체를 개발해온 업체로 출판물의 본문서체로 널리 사용되었던 SM 서체로 유명한 업체입니다. 서체는 기본 글꼴 위주로 구성되어 있는 SM 시리즈와 디자이너의 요구에 반영하여 재미있게 구성되어 있는 글꼴인 직지 시리즈, 이외수, 신영복, 장성연의 유명 인사의 글을 글꼴로 제작한 장인서체 시리즈가 있습니다.

SM3신명조03 11pt /행간 16pt

끝내 일출을 보지 못하고 산을 내려오면서 나는 당신에게 바다의 일출을 보여주지 않은 것이 참으로 다행이라고 생각했습니다. 바다의 일출은 흔치 않은 것이기 때문입니다. 그리고 흔치 않은 것은 환상이기 때문입니다. 비록 일출이 당신을 기다리지 않더라도 나는 당신이 제주에 오기를 바랍니다. 일출봉에 오르는 대신 차라리 한라산 기슭의 억새꽃 속에 서서 한라산의 넉넉한 품속에 안기기를 바랍니다.
그리하여 나의 아픔이 다른 수많은 사람들의 아픔의 작은 한 조각임을 깨달음으로써 영원히 '이어도'를 간직할 수 있게 되기를 바랍니다.

ABCDEFGHIJKLMNOPQRSTUVWXYZabcdefghijklmnopqrstuvwxyz
1234567890-=_+!@#$%^&*(){}[]:;"/?⟨⟩

SM3신중고딕03 11pt /행간 16pt

끝내 일출을 보지 못하고 산을 내려오면서 나는 당신에게 바다의 일출을 보여주지 않은 것이 참으로 다행이라고 생각했습니다. 바다의 일출은 흔치 않은 것이기 때문입니다. 그리고 흔치 않은 것은 환상이기 때문입니다. 비록 일출이 당신을 기다리지 않더라도 나는 당신이 제주에 오기를 바랍니다. 일출봉에 오르는 대신 차라리 한라산 기슭의 억새꽃 속에 서서 한라산의 넉넉한 품속에 안기기를 바랍니다.
그리하여 나의 아픔이 다른 수많은 사람들의 아픔의 작은 한 조각임을 깨달음으로써 영원히 '이어도'를 간직할 수 있게 되기를 바랍니다.

ABCDEFGHIJKLMNOPQRSTUVWXYZabcdefghijklmnopqrstuvwxyz
1234567890-=_+!@#$%^&*(){}[]:;"/?⟨⟩

# ○ 폰트릭스

http://rixshop.fontrix.co.kr

기업 전용 폰트 개발부터 네이버의 나눔 폰트 등으로 유명한 폰트 개발업체입니다. 폰트명에 RIX라고 명기되어 있으며 본문서체부터 캐릭터 서체, 캘리그라피 서체, 유명 작가 서체 등 다양한 서체를 홈 페이지를 통해 패키지별 낱개별로 구매할 수 있습니다.

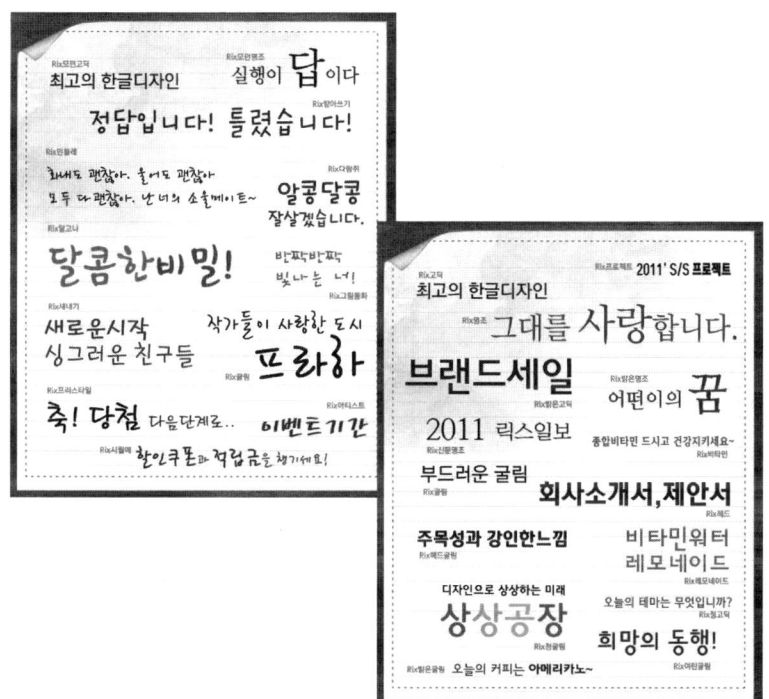

# 아시아 소프트

http://www.asiafont.com

1992년 전자출판사업으로부터 시작하여 한글글꼴을 개발해온 업체로 수백종에 이르는 다양한 폰트를 개발하였습니다. 자사 홈페이지를 통해 패키지 폰트부터 모바일과 웹임베딩 폰트를 구매할 수 있으며 [폰트통] 메뉴에서는 약 400여종의 비상업용 무료 폰트를 이용할 수 있습니다.

**블랙M**

연화사 앞 언덕에는 깊은 산속에서나 볼 수 있는 어름덩굴이 막 꽃송이를 만들고 있고

**기린L**

연화사 앞 언덕에는 깊은 산속에서나 볼 수 있는 어름덩굴이 막 꽃송이를 만들고 있고

**파도소리**

연화사 앞 언덕에는 깊은 산속에서나 볼 수 있는 어름덩굴이 막 꽃송이를 만들고 있고

**뉴궁서M**

연화사 앞 언덕에는 깊은 산속에서나 볼 수 있는 어름덩굴이 막 꽃송이를 만들고 있고

**하늘산책L**

연화사 앞 언덕에는 깊은 산속에서나 볼 수 있는 어름덩굴이 막 꽃송이를 만들고 있고

# ○ 한양 정보통신

http://www.hanyang.co.kr

한양 정보통신은 1990년부터 현재까지 폰트를 개발해온 업체로 운영체제 또는 응용 프로그램에 내장 폰트로 많이 알려져 있습니다. 특히 한글 워드프로세서에 내장되어 있는 HY로 시작하는 폰트들이 한양정보통신에서 개발한 폰트입니다. 상업용으로는 묵향이라는 패키지와 웹에 사용하기에 최적화되어 있는 웹폰트를 판매하고 있습니다.

아홉색깔 무지개가 있던 아주 먼 옛날에
달도 두개 해도 두개 반짝이는 별도 없던 시절
코끼리의 등에 타고 깊은 골짜기를 지나 우리 함께 여행을 떠나요
뿌우뿌우 하늘을 나는 아기 코끼리 ^-^♥

◀ HY 코끼리 놀이터

그대가 아끼는 것을 조금만 멀리 두고 보라.
그리움은 간격이 필요한 것이다.
변종모 <아무도 그립지 않다는 거짓말>

만년 동안이나 살 수 있는 것처럼 행동하지 말라.
그대가 사는 시간은 그대가 어찌할 수 있는 게 아니다.
마르쿠스 아우렐리우스 <명상록>

▲ HY 바람기억

뛰어가는 저 사람, **저기요** 여기요
아무리 불러도 뒤도 안돌아 보고 저만치
뛰어갑니다. 뭐가 그리 바쁜지 스쳐가는 인연들
눈길 한 번 주지 않고 바쁘게 뛰어갑니다.

**오늘**이 지나면 다시는 못 볼 특별한
인연일 수도 있는데 말입니다.

이 길 따라 저 길 따라 가다보면 또 만나게
되는 신기한 **인연**이 되길 바래봅니다.

▲ 강북멋쟁이

# ○ 태시스템

http://www.thefont.co.kr

신문용 글꼴 및 기업용 글꼴부터 외화 영화 자막으로 독보적인 위치로 자리잡고 있는 글꼴 제작 업체입니다. 글꼴 이름은 앞에 태(the)가 명기되어 있으며 자사 홈페이지를 통해 패키지, 낱개로 폰트를 구매할 수 있습니다.

지난 20년 동안 극장용 외화의 자막으로 독보적으로 사용된 태-영화체는
그 동안 자막용 소프트웨어와 함께  고가에 판매되던 글꼴입니다.
필요에 따라 동판 부식용, 레이저용 , 디지털 영상용 등으로 나누어져 판매되었는데,
일반인들이 사용하기 좋은 형태로 TTF, 또는 OTF로 제작하여 판매합니다.

▲ 태-영화체

캐드 도면을 제작하는데 사용할 수 있는 태-캐드고딕 글꼴입니다.
태-캐드고딕은 글꼴의 좌우 넓이와 높이가 거의 같은 형태로
제작되어 정밀한 도면을 더욱 정교하게 만들어 줍니다.
이글꼴은 국내의 유수한 전자제품회사의
한글 표시 부분에 사용되고 있는
태-화고딕을 기반으로 제작한 글꼴입니다.

▲ 태-캐드고딕

이 폰트는 태-스텐실과는 다른 폰트 입니다.
기존 태-스텐실 글꼴은 스텐실의 형태를 가지고는 있으나
실제 스텐실용으로 사용할 수는 없는 글꼴이었습니다.
스텐실의 분위기 만이 아니라
실제 스텐실 제작을 위하여 태-스텐실Pro 글꼴을 발표합니다.
태-스텐실Pro 글꼴은 3가지 굵기를 가지고 있어
다양한 스텐실의 제작이 가능합니다.

▲ 태-스텐실Pro

# ○ 폰트뱅크

http://www.fontbank.co.kr

폰트뱅크는 이철수목판글꼴 등 붓글씨의 필기체 형식의 글꼴로 유명한 글꼴 제작 업체입니다. 특히 한자서체를 전문 개발하여 다양한 형태의 한자 폰트를 출시하고 있습니다. 글꼴명 앞에 FB라고 표시되어 있으며 홈페이지를 통해 원하는 글꼴을 구매할 수 있습니다.

▲ FB-효봉개똥이

▲ FB-솔뫼한자

 이월 이한순 글씨
내 심장이 뛰는 동안에 이 세상에서 가장 아름다운 그대의 눈빛이 있는 곳에서 살고 싶다.

 의당 이현종 글씨
내 심장이 뛰는 동안에 이 세상에서 가장 아름다운 그대의 눈빛이 있는 곳에서 살고 싶다.

 규당 조종숙 글씨
내 심장이 뛰는 동안에 이 세상에서 가장 아름다운 그대의 눈빛이 있는 곳에서 살고 싶다.

 한글 현병찬 글씨
내 심장이 뛰는 동안에 이 세상에서 가장 아름다운 그대의 눈빛이 있는 곳에서 살고 싶다.

 난정 이지연 글씨
내 심장이 뛰는 동안에 이 세상에서 가장 아름다운 그대의 눈빛이 있는 곳에서 살고 싶다.

▲ FB 서예가글꼴모음

ヒラギノ明朝体 W3 →詳細見本へ
永遠の美を追求したTypographyたち、日本語組版がドラ
永遠の美を追求したタイポグ

ヒラギノ明朝体 W6 →詳細見本へ
永遠の美を追求したTypographyたち、日本語組版がドラ
永遠の美を追求したタイポグ

ヒラギノ角ゴシック体 W3 →詳細見本へ
永遠の美を追求したTypographyたち、日本語組版がドラ
永遠の美を追求したタイポグ

ヒラギノ角ゴシック体 W6 →詳細見本へ
永遠の美を追求したTypographyたち、日本語組版がド
永遠の美を追求したタイポグ

ヒラギノ角ゴシック体 W8 →詳細見本へ
永遠の美を追求したTypographyたち、日本語組版がド
永遠の美を追求したタイポグ

ヒラギノ丸ゴシック体 W4 →詳細見本へ
永遠の美を追求したTypographyたち、日本語組版がドラ
永遠の美を追求したタイポグ

▲ Hiragino

# ○ ag font

http://agfont.com

안그라픽스 타이포연구소에서 운영하는 폰트 연구소입니다. 안상
수체, 안삼열체, 류양희의 고운한글 등 유명한 타이포 디자이너들이
제작한 폰트들을 구매할 수 있습니다.

요--리 죠리 베면 저고리 되고,
이--러케 베면 큰총되지.

▲ 안상수체 2012

▲ 310 안삼열

공간 **Gongan Bold**
공간 **Gongan Medium**
공간 **Gongan Regular**
공간 Gongan Light
공간 Gongan Ultra Light

▲ 공간 | 김태헌

고운한글은
한 글자 한 글자
정성스럽게 써 내려간,
단정하고 고운 손글씨의
표정을 담았습니다.

▲ Ryu 고운한글 | 류양희

## ○ 양폰트

http://www.fffffffffff.com

시각디자이너 양요나가 운영하는 폰트샵으로 양요나의 개성있는 폰트들을 이용할 수 있습니다. 회원가입을 통해 폰트를 다운로드 받아서 시안용으로 이용할 수 있고, 정식 구매를 통해 폰트 라이센스를 얻을 수 있습니다. 라이센스는 인쇄/웹/문서와 기타 매체로 나누어 판매하고 있습니다.

오늘의
주요뉴스를
말씀드리겠
습니다.

▲ 양헤드라인고딕

텍스트에
약한 사람은
형태와 색에도
약할 수 밖에
없다.

▲ 양요나의 무거움

슈퍼에는 쉬는날이
없다

▲ 양슈퍼마켓얇은고딕

발견의 수정이
필요하다.

▲ 양특수첫소리고딕

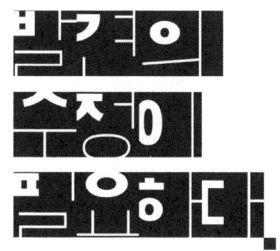

▲ 양특수블랙고딕

# ⭕ 필폰트

http://www.feelfont.com

필폰트는 TTF 또는 OTF처럼 폰트 파일이 아니라 한글의 자소들을 일일이 디자인해놓은 일러스트레이터 데이터(*.ai)를 제공하는 쇼핑몰입니다. 캘리그래피처럼 폰트 데이터로 구현이 어려운 그래피를 제작할 때 사용합니다. 일러스트레이터 데이터로 제작한 데이터에 자소의 요소를 맞추어서 글자를 구현합니다. 제목 타이틀이나 간판 등에 사용하기에 적합합니다.

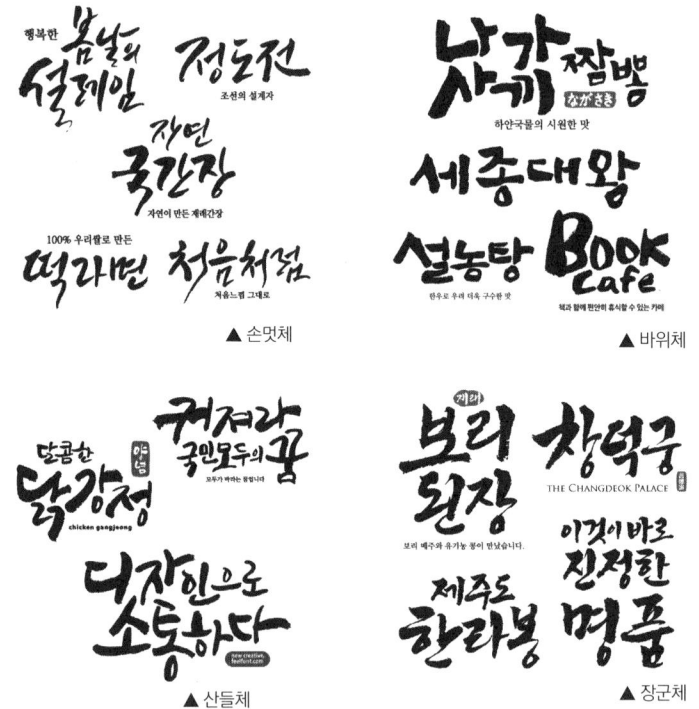

▲ 손멋체

▲ 바위체

▲ 산들체

▲ 장군체

# 04 무료 영문 폰트

영문 폰트는 전통이 오랜된 만큼 폰트 종류도 다양합니다.

또한 무료로 제공하는 폰트도 많아 폰트를 공유하는 서비스를

이용하면 손쉽게 폰트를 이용할 수 있습니다.


여기서는 상업용으로 이용할 수 있는 무료 폰트 중

앱 개발 또는 전자책에 폰트 사용 시 폰트를 임베디드도

할 수 있는 OFL<sup>Open Font License</sup> 의 폰트들에 대해서

살펴보겠습니다.

# League Gothic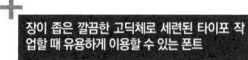

The league of moveable type | OTF, 웹폰트(TTF, EOT, WOFF) |
설치 URL : https://www.theleagueofmoveabletype.com/league-gothic
특징 : 상업용 모든 영역 사용 가능, 재판매 안됨

A friend is a second self.
A FRIEND IS A SECOND SELF.

– League Gothic

*A friend is a second self.*
*A FRIEND IS A SECOND SELF.*

– League Italic

A friend is a second self.
A FRIEND IS A SECOND SELF.

– League Gothic Condensed

*A friend is a second self.*
*A FRIEND IS A SECOND SELF.*

– League Gothic Condensed Italic

I hope you see things that startle you. I hope you feel things you never felt before. I hope you meet people with a different point of view. I hope you live a life you're proud of And if you find that you're not, I hope you have the strength to start all over again.

ABCDEFGHIJKLMNOPQRSTUVWXYZ

abcdefghijklmnopqrstuvwxyz

1234567890!@ $%^&*()_+\<>?

상업용 무료 폰트

# °Cooper Hewitt

Chester Jenkins  | TTF, OTF, 웹폰트 |

설치 URL : http://www.cooperhewitt.org → 하단에 위치해 있는 [THE TYPEFACE] 클릭

특징 : 상업용 모든 영역 사용 가능, 재판매 안됨

A friend is a second self.  A FRIEND IS A SECOND SELF.
– Cooper Hewitt Thin

A friend is a second self.  A FRIEND IS A SECOND SELF.
– Cooper Hewitt Thin Italic

A friend is a second self.  A FRIEND IS A SECOND SELF.
– Cooper Hewitt Light

A friend is a second self.  A FRIEND IS A SECOND SELF.
– Cooper Hewitt Light Italic

A friend is a second self.  A FRIEND IS A SECOND SELF.
– Cooper Hewitt Book

A friend is a second self.  A FRIEND IS A SECOND SELF.
– Cooper Hewitt Book Italic

A friend is a second self.  A FRIEND IS A SECOND SELF.
– Cooper Hewitt Medium

A friend is a second self.  A FRIEND IS A SECOND SELF.
– Cooper Hewitt Medium Italic

A friend is a second self.  A FRIEND IS A SECOND SELF.
– Cooper Hewitt Semibold

A friend is a second self.  A FRIEND IS A SECOND SELF.
– Cooper Hewitt Semibold Italic

A friend is a second self.  A FRIEND IS A SECOND SELF.
– Cooper Hewitt Bold

A friend is a second self.  A FRIEND IS A SECOND SELF.
– Cooper Hewitt Bold Italic

A friend is a second self.  A FRIEND IS A SECOND SELF.
– Cooper Hewitt Heavy

A friend is a second self.  A FRIEND IS A SECOND SELF.
– Cooper Hewitt Heavy Italic

I hope you see things that startle you. I hope you feel things you never felt before. I hope you meet people with a different point of view. I hope you live a life you're proud of And if you find that you're not, I hope you have the strength to start all over again.

ABCDEFGHIJKLMNOPQRSTUVWXYZ
abcdefghijklmnopqrstuvwxyz
1234567890!@ $%^&*()_+\<>?

# Encode Sans

PabloImpallari, AndresTorresi ｜TTF｜

설치 URL : http://www.impallari.com → [PROJECTS] 메뉴 클릭 → [Encode] 클릭

특징 : 상업용 모든 영역 사용 가능, 재판매 안됨

A friend is a second self.  A FRIEND IS A SECOND SELF.
> – Encode Sans Normal ExtraLight

A friend is a second self.  A FRIEND IS A SECOND SELF.
> – Encode Sans Normal Light

A friend is a second self.  A FRIEND IS A SECOND SELF.
> – Encode Sans Normal Regular

A friend is a second self.  A FRIEND IS A SECOND SELF.
> – Encode Sans Normal Medium

A friend is a second self.  A FRIEND IS A SECOND SELF.
> – Encode Sans Normal SemiBold

**A friend is a second self.  A FRIEND IS A SECOND SELF.**
> – Encode Sans Normal Bold

**A friend is a second self.  A FRIEND IS A SECOND SELF.**
> – Encode Sans Normal ExtraBold

**A friend is a second self.  A FRIEND IS A SECOND SELF.**
> – Encode Sans Normal Black

A friend is a second self.  A FRIEND IS A SECOND SELF.
> – Encode Sans Narrow ExtraLight

A friend is a second self.  A FRIEND IS A SECOND SELF.
> – Encode Sans Narrow Light

A friend is a second self.  A FRIEND IS A SECOND SELF.
> – Encode Sans Narrow Regular

A friend is a second self.  A FRIEND IS A SECOND SELF.
> – Encode Sans Narrow Medium

A friend is a second self.  A FRIEND IS A SECOND SELF.
> – Encode Sans Narrow SemiBold

**A friend is a second self.  A FRIEND IS A SECOND SELF.**
> – Encode Sans Narrow Bold

**A friend is a second self. A FRIEND IS A SECOND SELF.**

– Encode Sans Narrow ExtraBold

**A friend is a second self. A FRIEND IS A SECOND SELF.**

– Encode Sans Narrow Black

A friend is a second self.  A FRIEND IS A SECOND SELF.

– Encode Sans Wide ExtraLight

A friend is a second self.  A FRIEND IS A SECOND SELF.

– Encode Sans WideLight

A friend is a second self.  A FRIEND IS A SECOND SELF.

– Encode Sans WideRegular

A friend is a second self.  A FRIEND IS A SECOND SELF.

– Encode Sans Wide Medium

A friend is a second self.  A FRIEND IS A SECOND SELF.

– Encode Sans Wide SemiBold

**A friend is a second self.  A FRIEND IS A SECOND SELF.**

– Encode Sans Wide Bold

**A friend is a second self.  A FRIEND IS A SECOND SELF.**

– Encode Sans Wide ExtraBold

**A friend is a second self.  A FRIEND IS A SECOND SELF.**

– Encode Sans Wide Black

A friend is a second self.  A FRIEND IS A SECOND SELF.

– Encode Sans Condensed ExtraLight

A friend is a second self.  A FRIEND IS A SECOND SELF.

– Encode Sans Condensed Light

A friend is a second self.  A FRIEND IS A SECOND SELF.

– Encode Sans Condensed Regular

A friend is a second self.  A FRIEND IS A SECOND SELF.

– Encode Sans Condensed  Medium

A friend is a second self.  A FRIEND IS A SECOND SELF.

– Encode SansCondensed SemiBold

**A friend is a second self.  A FRIEND IS A SECOND SELF.**

– Encode Sans Condensed Bold

**A friend is a second self. A FRIEND IS A SECOND SELF.**
– Encode Sans Condensed ExtraBold

**A friend is a second self. A FRIEND IS A SECOND SELF.**
– Encode Sans Condensed Black

A friend is a second self.  A FRIEND IS A SECOND SELF.
– Encode Sans Compressed ExtraLight

A friend is a second self.  A FRIEND IS A SECOND SELF.
– Encode Sans Compressed Light

A friend is a second self.  A FRIEND IS A SECOND SELF.
– Encode Sans Compressed Regular

A friend is a second self.  A FRIEND IS A SECOND SELF.
– Encode Sans Compressed Medium

A friend is a second self.  A FRIEND IS A SECOND SELF.
– Encode Sans Compressed SemiBold

**A friend is a second self.  A FRIEND IS A SECOND SELF.**
– Encode Sans Compressed Bold

**A friend is a second self.  A FRIEND IS A SECOND SELF.**
– Encode Sans Compressed ExtraBold

**A friend is a second self.  A FRIEND IS A SECOND SELF.**
– Encode Sans Compressed Black

I hope you see things that startle you. I hope you feel things you never felt before. I hope you meet people with a different point of view. I hope you live a life you're proud of And if you find that you're not, I hope you have the strength to start all over again.

ABCDEFGHIJKLMNOPQRSTUVWXYZ
abcdefghijklmnopqrstuvwxyz
1234567890!@ $%^&*()_+\<>?

# °Titillium

Accademia di Belle Arti di Urbino | OTF |
설치 URL : http://www.campivisivi.net/titillium
특징 : 상업용 모든 영역 사용 가능, 재판매 안됨

A friend is a second self.  A FRIEND IS A SECOND SELF.
– Titillium Thin

*A friend is a second self.  A FRIEND IS A SECOND SELF.*
Thin Italic

A friend is a second self.  A FRIEND IS A SECOND SELF.
– Titillium Thin Upright

A friend is a second self.  A FRIEND IS A SECOND SELF.
– Titillium Light

*A friend is a second self.  A FRIEND IS A SECOND SELF.*
– Titillium Light Italic

A friend is a second self.  A FRIEND IS A SECOND SELF.
– Titillium Light Upright

A friend is a second self.  A FRIEND IS A SECOND SELF.
– Titillium Regular

*A friend is a second self.  A FRIEND IS A SECOND SELF.*
– Titillium Regular Italic

A friend is a second self.  A FRIEND IS A SECOND SELF.
– Titillium Regular Upright

**A friend is a second self.  A FRIEND IS A SECOND SELF.**
– Titillium Semibold

***A friend is a second self.  A FRIEND IS A SECOND SELF.***
– Titillium Semibold Italic

**A friend is a second self.  A FRIEND IS A SECOND SELF.**
– Titillium Semibold Upright

**A friend is a second self.  A FRIEND IS A SECOND SELF.**
– Titillium Bold

***A friend is a second self.  A FRIEND IS A SECOND SELF.***
– Titillium Bold Italic

**A friend is a second self.  A FRIEND IS A SECOND SELF.**
– Titillium Black

A friend is a second self.  A FRIEND IS A SECOND SELF.
– TitilliumTitle20

A friend is a second self.  A FRIEND IS A SECOND SELF.
– TitilliumText25L 1 wt

A friend is a second self.  A FRIEND IS A SECOND SELF.
– TitilliumText25L 250 wt

A friend is a second self.  A FRIEND IS A SECOND SELF.
– TitilliumText25L 400 wt

A friend is a second self.  A FRIEND IS A SECOND SELF.
– TitilliumText25L 600 wt

**A friend is a second self.  A FRIEND IS A SECOND SELF.**
– TitilliumText25L 800 wt

**A friend is a second self.  A FRIEND IS A SECOND SELF.**
– TitilliumText25L 999 wt

A friend is a second self.  A FRIEND IS A SECOND SELF.
– TitilliumMaps29L 1 wt

A friend is a second self.  A FRIEND IS A SECOND SELF.
– TitilliumMaps29L 400 wt

**A friend is a second self.  A FRIEND IS A SECOND SELF.**
– TitilliumMaps29L 800 wt

**A friend is a second self.  A FRIEND IS A SECOND SELF.**
– TitilliumMaps29L 999 wt

---

I hope you see things that startle you. I hope you feel things you never felt before. I hope you meet people with a different point of view. I hope you live a life you're proud of And if you find that you're not, I hope you have the strength to start all over again.

---

ABCDEFGHIJKLMNOPQRSTUVWXYZ
abcdefghijklmnopqrstuvwxyz
1234567890!@ $%^&*()_+\<>?

# Aleo

타자기체처럼 심플한 세리프체로 매우
깔끔한 본문체로 사용할 수 있음

Alessio Laiso's | OTF, 웹폰트 |
설치 URL : https://www.behance.net/gallery/ALEO-Free-Font-Family/8018673
특징 : 상업용 모든 영역 사용 가능, 재판매 안됨

A friend is a second self.
A FRIEND IS A SECOND SELF.
– Aleo Light

*A friend is a second self.*
*A FRIEND IS A SECOND SELF.*
– Aleo LightItalic

A friend is a second self.
A FRIEND IS A SECOND SELF.
– Aleo Regular

*A friend is a second self.*
*A FRIEND IS A SECOND SELF.*
– Aleo Italic

**A friend is a second self.**
**A FRIEND IS A SECOND SELF.**
– Aleo Bold

***A friend is a second self.***
***A FRIEND IS A SECOND SELF.***
– Aleo BoldItalic

I hope you see things that startle you. I hope you feel things you
never felt before. I hope you meet people with a different point
of view. I hope you live a life you're proud of And if you find that
you're not, I hope you have the strength to start all over again.

ABCDEFGHIJKLMNOPQRSTUVWXYZ
abcdefghijklmnopqrstuvwxyz
1234567890!@ $%^&*()_+\<>?

**상업용 무료 폰트**

# °Dosis

글자 폭이 좁고 획의 끝이 둥글게 처리되어 있으며 글자마다 개성있게 디자인되어 있음. 고급스럽고 심플한 느낌

Edgar Tolentino, Pablo Impallari, Igino Marini iKern | TTF |
설치 URL : http://www.impallari.com → [PROJECTS] 메뉴 클릭 → 하단 메뉴에서
[Dosis] 클릭
특징 : 상업용 모든 영역 사용 가능, 재판매 안됨

A friend is a second self. A FRIEND IS A SECOND SELF.
– Dosis ExtraLight

A friend is a second self. A FRIEND IS A SECOND SELF.
– Dosis Light

A friend is a second self. A FRIEND IS A SECOND SELF.
– Dosis Book

A friend is a second self. A FRIEND IS A SECOND SELF.
– Dosis Medium

A friend is a second self. A FRIEND IS A SECOND SELF.
– Dosis SemiBold

A friend is a second self. A FRIEND IS A SECOND SELF.
– Dosis Bold

A friend is a second self. A FRIEND IS A SECOND SELF.
– Dosis ExtraBold

I hope you see things that startle you. I hope you feel things you never felt before. I hope you meet people with a different point of view. I hope you live a life you're proud of And if you find that you're not, I hope you have the strength to start all over again.

ABCDEFGHIJKLMNOPQRSTUVWXYZ
abcdefghijklmnopqrstuvwxyz
1234567890!@ $%^&*()_+\<>?

# °Neuton

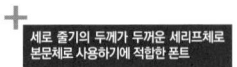

Edgar Tolentino, Pablo Impallari, Igino Marini iKern | TTF |
설치 URL : http://www.impallari.com → [PROJECTS] 메뉴 클릭 → 하단 메뉴에서
[Neuton Serif Family] 클릭
특징 : 상업용 모든 영역 사용 가능, 재판매 안됨

---

A friend is a second self. A FRIEND IS A SECOND SELF.
– Neuton Extralight

A friend is a second self. A FRIEND IS A SECOND SELF.
– Neuton Light

A friend is a second self. A FRIEND IS A SECOND SELF.
– Neuton Regular

*A friend is a second self. A FRIEND IS A SECOND SELF.*
– Neuton ExtralightItalic

**A friend is a second self. A FRIEND IS A SECOND SELF.**
– Neuton Bold

**A friend is a second self. A FRIEND IS A SECOND SELF.**
– Neuton Extrabold

*A friend is a second self. A FRIEND IS A SECOND SELF.*
– Neuton Cursive Regular

A FRIEND IS A SECOND SELF. A FRIEND IS A SECOND SELF.
– Neuton SC-Extralight

A FRIEND IS A SECOND SELF. A FRIEND IS A SECOND SELF.
– Neuton SC-Regular

**A FRIEND IS A SECOND SELF. A FRIEND IS A SECOND SELF.**
– Neuton SC-Bold

**A FRIEND IS A SECOND SELF. A FRIEND IS A SECOND SELF.**
– Neuton SC-Extrabold

---

I hope you see things that startle you. I hope you feel things you never felt
before. I hope you meet people with a different point of view.

---

ABCDEFGHIJKLMNOPQRSTUVWXYZ
abcdefghijklmnopqrstuvwxyz
1234567890!@ $%^&*()_+\<>?

상업용 무료 폰트

# ARCA MAJORA

Alfredo Marco Pradil | TTF

설치 URL : https://www.behance.net/pradil → [Arca Majora Font] 메뉴 클릭

→[Download] 클릭

특징 : 상업용 모든 영역 사용 가능, 재판매 안됨

## A FRIEND IS A SECOND SELF

– Arca Majora

약간의 특수 문자와 영문 대문자만 지원
하지만 매우 심플하게 디자인되어 있어
제목체로 사용하기에 적합

I HOPE YOU SEE THINGS THAT STARTLE YOU. I HOPE YOU
FEEL THINGS YOU NEVER FELT BEFORE.

ABCDEFGHIJKLMNOPQRSTUVWXYZ
1234567890! %& _ +\<>?

상업용 무료 폰트

# origram

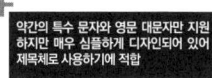
약간의 특수 문자와 영문 소문자만 지원
하는 종이접기 모양의 폰트

Nuno Dias | OTF |

설치 URL : https://www.behance.net/nunodias → [ORIGRAM Free Font] 메뉴 클릭

→ [CLICK HERE FOR FREE DOWNLOAD] 클릭

특징 : 상업용 모든 영역 사용 가능, 재판매 안됨

## a friend is a second self.

– Origram

i hope you see things that startle you. i hope you
feel things you never felt before. i hope you meet
people with a different point of view.

abcdefghijklmnopqrstuvwxyz
1234567890!*()?

# Dafont.com 무료 영문 폰트

[Dafont] 홈페이지(http://www.dafont.com)는

**대표적인 무료 폰트 제공 사이트로**

유료 폰트부터 무료 폰트까지 다양한 종류의

폰트를 제공합니다.

[Dafont] 홈페이지에 접속한 후 상단에 위치해 있는

카테고리에서 검색하고 싶은 폰트 종류를 선택하면

하단에 관련된 폰트 목록이 표시됩니다.

글꼴 속성을 변경하여 미리보기를 할 수 있고

다운로드 받고 싶은 폰트 목록의 [Download] 버튼을 클릭해서

해당 폰트를 다운로드받아서 사용할 수 있습니다.

[Download] 버튼 위에는 사용 권한이 표시되어 있습니다.

**[100% Free]는 상용으로 이용할 수 있는 폰트**이고,

**[Free for personal use]는 비상업용으로만 이용이 가능한**

**폰트**입니다. 이러한 폰트를 상업용으로 이용할 경우

지시되어 있는 해당 홈페이지에 접속해서

구매를 해야만 이용이 가능합니다.

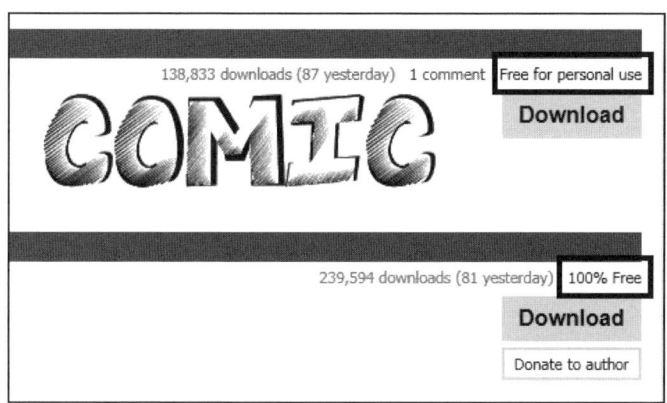

[Dafont] 홈페이지에서는 약 26,000개 이상의 폰트들을

제공합니다. 여기서는 이중에서 상업용으로도 무료로

이용할 수 있는 무료 폰트 중 유용하게 이용할 수 있는 폰트들을

소개해 보도록 하겠습니다.

# LA TRUITE A PAPA

– cartoon / La Truite Papa

# PW PERSPECTIVE

– cartoon / PW Perspective

# SINKING SHIP

– cartoon / Sinking Ship

# Suplexmentary Comic

– comic / Suplexmentary Comic NC

# MEXCELLENT

– Groovy / Mexcellent

– Curly / Remi

# NASHVILLE

– Western / Nashville

# Times New Yorker

– Eroded / Times New Yorker

# SCRATCHED LETTERS

– Eroded / Scratched Letters

– Distorted / Phorssa

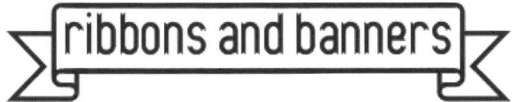

– Decorative / Ribbons and banners

# Mom's Typewriter

– Typewriter / Mom's Typewriter

– Initials / Acorn Initials

– Grid / Dancing Vampyrish

# FFF Tusj

– Various / FFF Tusj

## ● Techno

# LCD FONT FAMILY

– LCD / LCD / LCD Mono

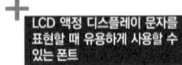

# ELECTRONIC HIGHWAY

– LCD / Electronic Highway Sign

# TRANSFORMERS

– Sci-fi / Transformers Movie

# DROID

– Sci-fi / droid

# INTERDIMEN.

– Sci-fi / Interdimensional

# ANDROID

– Various / Android

## ● Bitmap

– Pixel/Bitmap / Visitor

● Gothic

**Black family**

– Medieval / Black family

**Carolingia**

– Celtic / Carolingia

● Basic

Roboto **Roboto**

– Sans serif / Roboto

Steelfish Steelfish

– Sans serif / Steelfish

Sansation *Sansation*

– Sans serif / Sansation

Quicksand Quicksand

– Sans serif / Quicksand

# OPTIMUS PRINCEPS

– Serif / Optimus Princeps

# Bodoni XT

– Serif / Bodoni XT

# Linux Libertine

*Linux Libertine*

– Serif / Linux Libertine

# OldStyle *OldStyle*

– Serif / OldStyle

# Typography Times

*Typography Times*

– Serif / Typography Times

# F25 Bank Printer

– Fixed width / F25 Bank Printer

# Philosopher *Philosopher*

– Various / Philosopher

– Various / Movie Letters

● Script

– Calligraphy / Exmouth

– Calligraphy / Porcelain

– Handwritten / Daniel

– Handwritten / Skinny

Avenir Condensed Hand

– Handwritten / Avenir Condensed Hand

**Skitser Cartoon**

– Brush / Skitser Cartoon

WE WRESTLE

– Trash / We Wrestle

MARKER TWINS

– Trash /Marker Twins

– Graffiti / Graffonti

*Ballpark Weiner*

– Various / Ballpark Weiner

## ● Dingbats

– Ancient / Victorian Free Ornaments

– Shapes / Rosette 110621

– Bar Code / Code 128 by Grand Zebu

– Heads / Celeb Faces

– Logos / Logos And Logos TFB

## ● Holiday

Kingthings Christmas

– Christmas / Kingthings Christmas

Hooked on Booze

– Various / Hooked on Booze

# 06 영문 폰트 저작권

영문 폰트는 활자 문화에서부터 오랜 시간 동안

개발되어 사용된 만큼 전통이 깊습니다.

국내에서는 마이크로소프트사의 윈도우, 오피스,

어도비 제품들의 번들로 설치되어 있는

영문 폰트들을 주로 이용해 왔을 것입니다.

**번들 폰트는 비상업용으로 이용하는 것은 문제가 없지만**

**상업용으로 이용할 수 없는 경우가 많습니다.**

특히 **어도비의 번들 폰트는 상업용으로 이용할 경우**

**저작권 침해**에 해당되므로 사용에 주의해야 합니다.


폰트에 대한 저작권이 강화되면서 영문 폰트에 대한

저작권도 반드시 확인하고 사용해야 합니다.

영문 폰트를 구매하려면 국내 라이센스를 가지고 있는 업체를

통해 구매해야만 사용이 가능합니다.

해외 사이트인 [fonts.com] 홈페이지(http://www.fonts.com)에

접속하면 많이 사용되고 있는 영문 폰트들을

검색 및 구매할 수 있습니다.

해외 사이트가 불편하다면

[폰코] 홈페이지(http://www.font.co.kr)에 접속한 후

[해외폰트] 메뉴를 클릭해서

영문 폰트를 구매할 수 도 있습니다.

또는 어도비에서 제공하는 **어도비폰트폴리오 패키지**를

구매하는 방법도 있습니다.

어도비폰트폴리오는 **어도비 폰트 이외에**

**해외 유명 폰트들 2,400여 종**이 담겨 있습니다.

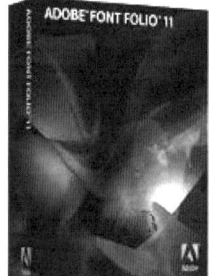

# 07

# 유명 영문 폰트

영문 폰트는 역사가 깊은 만큼 종류도 다양합니다.

그리고 활자 시대에서부터 내려온 폰트는

디지털 폰트 업체에서 재해석해서 개발하는 경우가 많아

같은 이름의 폰트임에도 개발사마다 폰트 모양이 다릅니다.

여기서는 영문 폰트 중 쓰임이 많은 대표적인 영문 폰트를

중심으로 살펴보겠습니다.

## ● Helvetica

스위스 하스사의 활자주조소에서 개발된 헬베티카는

획의 두께가 일정하고 X-Height가 높아 안정감을 주어

가독성이 높은 것이 특징입니다.

꾸밈이 없고 간결하여 가독성이 높아

도로의 사인 등 폭넓게 사용되었습니다.

# The jay, pig, fox,

▲ Helvetica Family    제조사 : Linotype

## ● Garamond

16세기 클로드 가라몽이 활자체로 만든 글꼴로

가독성이 우수한 올드 폰트의 대표적인 폰트입니다.

후에 폰트업체들이 가라몽 서체를 재해석하여

디지털로 복원해서 현재 사용되고 있습니다.

올드 폰트답게 많은 업체들이 게라몬드 폰트를 개발했는데

그 중에서 스템펠 게라몬드와 어도비의 게라몬드가

16세기의 게라몬드 글꼴을 잘 해석한 폰트라고

인정받고 있습니다.

# The jay, pig, fox, z

▲ Adobe Garamond    제조사 : Adobe

## ● Futura

파울 레너가 디자인한 대표적인 산세리프 폰트입니다.

선이 꺾이는 부분이 뾰쪽하고 직사각형의 직선,

원의 동그라미 영역을 조화를 이루어 세련된 느낌을 주는 폰트로

오랜 기간 동안 사랑을 받고 있습니다.

# The jay, pig, fox,

▲ Futura Family    제조사 : Linotype

▲ 헬비타카 폰트를 이용한 [Lufthansa] 항공사 로고

▲ 헬비타카 폰트를 이용한 [FENDI] 로고

▲ Futura 폰트를 이용한 [루이비통] 매장 로고

**ABSOLUT®**
*Country of Sweden*
**VODKA**
**ABSOLUT**

▲ Futura 폰트를 이용한 [앱솔루트 보드카] 로고

**D&G**
**DOLCE & GABBANA**

▲ Futura 폰트를 이용한 [돌체 가바나] 로고

**Volkswagen**

▲ Futura 폰트를 이용한 [폭스바겐] 로고

▲ Futura 폰트를 이용한 [이케아] 로고

● Binary ITC

ITC사의 폰트로 글자의 하단이 물결 모양으로

정리되어 있습니다. 전체적으로 곡선의 조화가 매력적이

모던하고 세련된 느낌을 줍니다.

# The jay, pig, fox, z

▲ ITC Binary    제조사 ITC

● Univers

스위스 폰트 디자이너인 아드리안 프루티거가

디자인한 폰트입니다.

획 크기, 길이 등의 속성에 따라 다양한 패밀리 군을 제공합니다.

특히 타입에 따라 폰트 이름에 숫자로 정리한 최초로 사용된

폰트로 알려져 있습니다. 그 당시에는 획기적으로 기본 폰트를

개발한 후 사용 용도에 따라 패밀리군을 구성했던 것과는

다르게 처음 개발 단계부터 패밀리군을 계획에서 개발되었습니다.

세로획의 기울기가 적어 심플하고 가독성이

매우 높은 것이 특징입니다.

# The jay, pig, fox,

▲ Univers Complete Family Pack    제조사 : Linotype

▲ Universe 폰트를 이용한 안내판

▲ Universe 폰트를 이용한 홈페이지

▲ Universe 폰트를 이용한 미드 [빅뱅이론] 로고

▲ Universe 폰트를 이용한 [SWISS] 항공사 로고

## ● Din

Din은 독일 공업 규격의 약자로 철도회사의 표준 폰트로

이용되었고 1936년 DIN 1451이 도로 시안의 폰트로

사용되면서 대중화된 폰트입니다.

이후 DIN을 세련되게 변경한 FF DIN 폰트를 로고부터

사인, 그래픽디자인 등 다양한 분야에 널리 사용되고 있습니다.

# The jay, pig, fox,

▲ DIN 1451 Complete Family Pack    제조사 : Linotype

# The jay, pig, fox,

▲ DIN Next Rounded Family Pack  제조사 : Linotype

## ● Myriad

획의 두께가 균일하고 곡선이 매우 부드럽고 매혹적인

산세리프 폰트로 C 와 같이 둘러쌓여 있는 글자가

많이 열려 있는 형태를 가지고 있는 것이 특징입니다.

특히 2002년 이후 애플의 공식 폰트로 사용되면서

더 유명해졌습니다.

# The jay, pig, fox, z

▲ Myriad Complete Family Pack    제조사 : Adobe

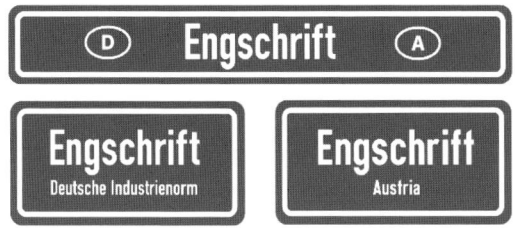

▲ DIN 폰트를 이용한 도로안내판

▲ DIN 폰트를 이용한 [jetBlue] 항공사 로고

▲ DIN 폰트를 이용한 대학 로고

iMac    iPod
MacBook Pro

▲ 애플사에서 공식 폰트로 이용되고 있는 Myriad 폰트

# 08

# 폰트 설치

● **수동으로 폰트 설치하기**

윈도우에서 사용하는 TTF와 OTF 폰트 파일은

파일을 더블 클릭하면 나타나는 미리보기 창을 통해

폰트 형태를 확인할 수 있습니다.

그리고 미리보기 창에서 **[설치]** 버튼을 클릭하면

해당 폰트가 PC에 설치됩니다.

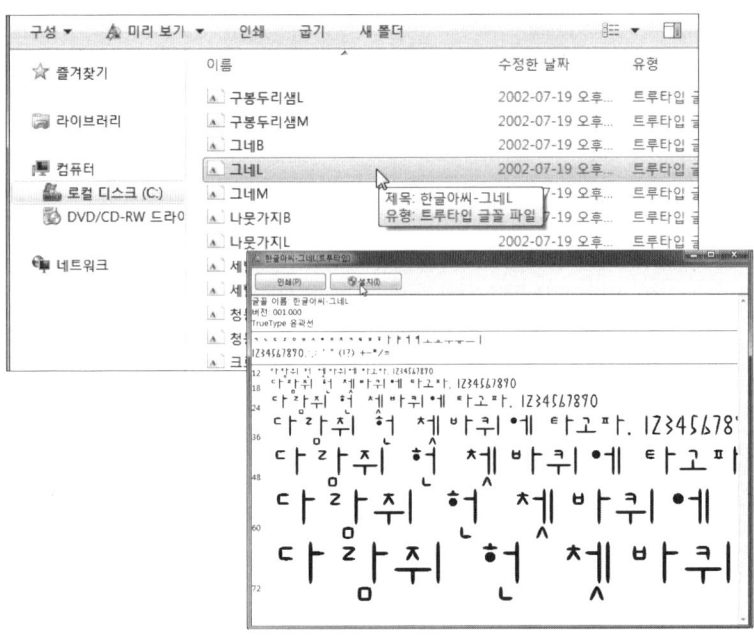

설치된 글꼴은 **[C:\windows\fonts] 폴더에 전송**됩니다.

설치된 글꼴은 윈도우는 [글꼴] 프로그램을 이용하여

폰트를 관리할 수 있습니다.

**[제어판]에서 [글꼴]**을 실행하면

윈도우에 설치되어 있는 폰트들을 확인할 수 있습니다.

글꼴 목록을 더블 클릭하면 미리보기 창이 열려

글꼴 모양을 확인할 수 있고,

폰트를 삭제하고 싶다면 삭제할 폰트를 클릭하고

상단 메뉴에 위치해 있는 [삭제]를 클릭해서

윈도우에서 해당 폰트를 삭제할 수 있습니다.

윈도우에서 사용할 수 있는 폰트의 개수는 정해진 것은 아니지만

너무 많은 폰트를 설치하면 윈도우의 시스템이 느려지고

일부의 폰트가 인식되지 않는 경우가 있으므로

필요한 폰트만 설치하도록 합니다.

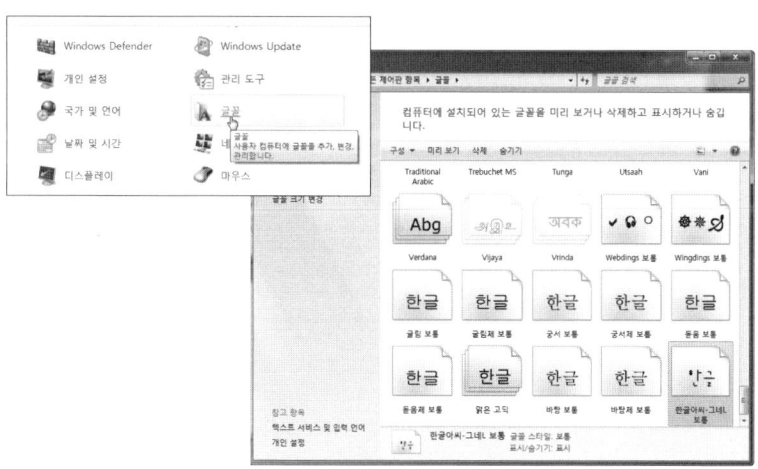

## ● 설치형으로 폰트 설치하기

상업용 폰트이거나 윤디자인, 산돌, 아시아 폰트 등의 업체에서
제공하는 글꼴은 대부분 **자동 실행 파일로 구성**되어 있습니다.
실행 파일을 더블 클릭해서 설치를 진행하면
손쉽게 파일 설치가 이루어집니다.

상업용 폰트인 경우 프로그램을 설치한 후
해당 폰트 제작사에서 신청한 아이디와 비밀번호를 입력하고
인증 과정을 거쳐야만 폰트를 이용할 수 있습니다.

최근에는 클라우딩 방식의 폰트도 많이 이용되고 있습니다.
클라우딩 폰트는 폰트 구매자의 인증이 등록된
PC에 자동으로 폰트들을 설치해주고

폰트의 업그레이드도 자동으로 실행해주는 방식입니다.

PC를 켤 때 인터넷을 이용하여 자동으로 인증 검사가 이루어지며

인증에 이상이 없는 경우에만 폰트를 이용할 수 있습니다.

인증 검사는 인터넷을 이용하므로

PC에 인터넷 연결이 안 되어 있으면 인증을 검사할 수 없으므로

폰트를 이용하지 못합니다.

또한 상업용 폰트는 폰트를 자체 관리자 프로그램을 통해

관리하므로 설치된 폰트가 [C:\windows\fonts] 폴더에

표시되지 않는 경우도 있습니다.

그러므로 폰트 모양을 확인하려면 폰트 관리자 프로그램의

폰트 미리보기 메뉴를 이용하여 확인합니다.

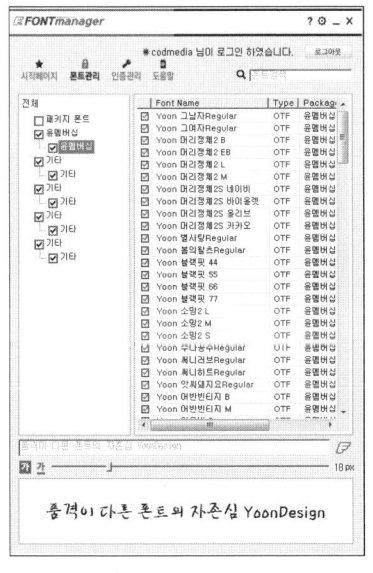
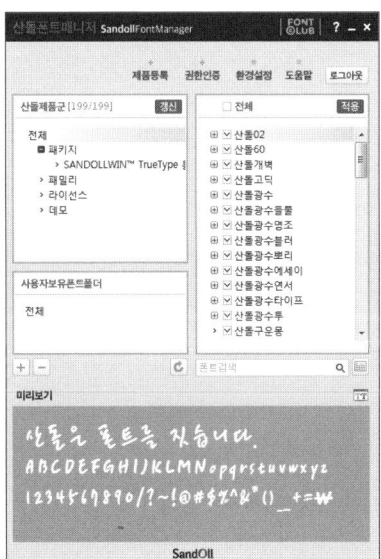

## ● OTF 폰트 파일 수동 설치가 되지 않는 경우

OTF 폰트 파일 중에는 자동 설치가 되지 않는 경우도 있습니다.

이러한 폰트는 지시된 경로에 폰트를 복사해주면

어도비사의 프로그램에서 폰트를 이용할 수 있습니다.

폰트 경로는 32 비트와 64비트에 따라

경로가 다릅니다.

### 32비트의 윈도우 7, 32비트용 프로그램

C:\Program Files (x86)\Common Files\Adobe/Fonts

### 32비트 윈도우 XP, 64비트의 윈도우 XP 또는 7, 64비트용 프로그램

C:\Program Files\Common Files\Adobe/Fonts

# 09

# 폰트 관리

[NexusFont]는 폰트의 모양을 미리보기하거나

**폰트를 선택해서 삭제 및 설치를 자유롭게 관리**할 수 있도록

해주는 프로그램입니다.

[NexusFont]를 이용하려면 **[NexusFont] 홈페이지(http://www.**

**xiles.net/nexusfont)**에 접속한 다음 [Download] 버튼을 클릭해서

프로그램을 설치합니다.

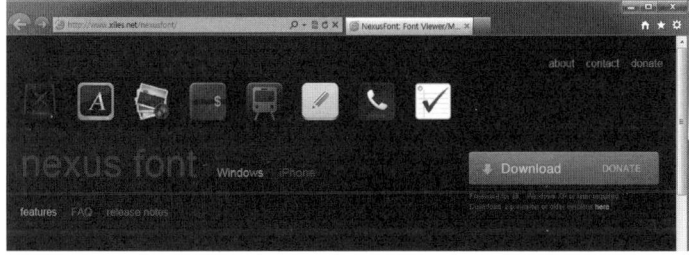

[NexusFont] 프로그램 화면 구조는

상단에 미리보기로 표시하는 폰트에 적용할 속성을

설정할 수 있는 편집 도구,

왼쪽에는 폰트 목록을 관리할 수 있는 [라이브러리],

가운데에는 라이브러리에서 선택한 폴더에 담겨 있는

폰트 목록이 있습니다.

현재 윈도우에 설치되어 있는 폰트들을 확인하려면

[라이브러리]-[설치된 글꼴] 항목을 클릭합니다.

그러면 현재 설치된 글꼴 목록이 나타나며

편집 도구에 글과 글자 속성을 지정해서

속성이 적용된 스타일로 글꼴을 확인할 수 있습니다.

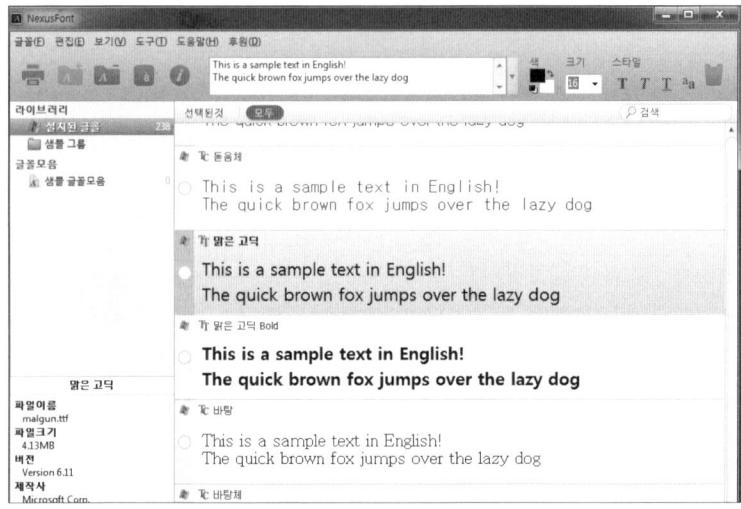

폰트에 대한 정보를 보고 싶다면

보고 싶은 폰트 목록을 마우스 오른쪽 클릭한 다음

[속성]을 클릭해서 폰트 파일 이름, 경로, 파일 크기 등의

정보를 볼 수 있고

마우스 오른쪽 클릭한 후 [문자표]를 클릭하면

글꼴에서 지원하는 모든 문자 목록을 확인할 수 있습니다.

[문자표] 대화 상자에서 [이미지로 저장] 클릭하면 모든 문자를

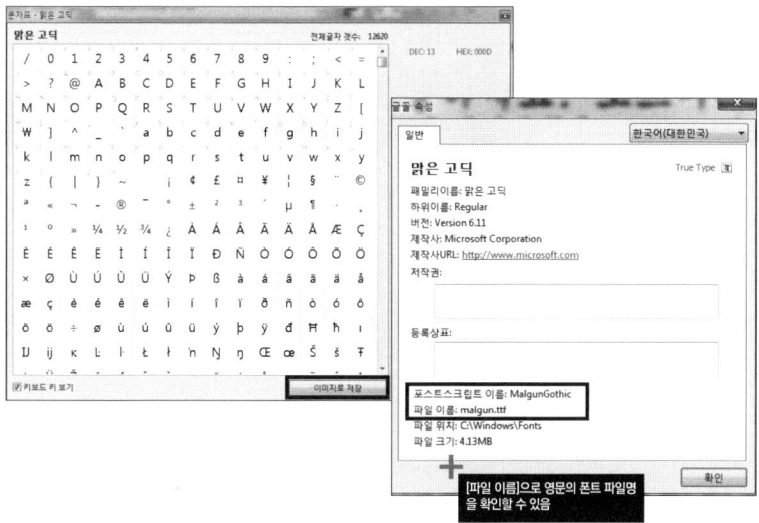

이미지 파일로도 저장해둘 수 있습니다.

[NexusFont]를 이용하면 윈도우에 폰트를 설치하지 않고도

폰트 모양을 미리 확인할 수 있습니다.

우선 [Windows 탐색기]에서 폰트가 담겨 있는 폴더를

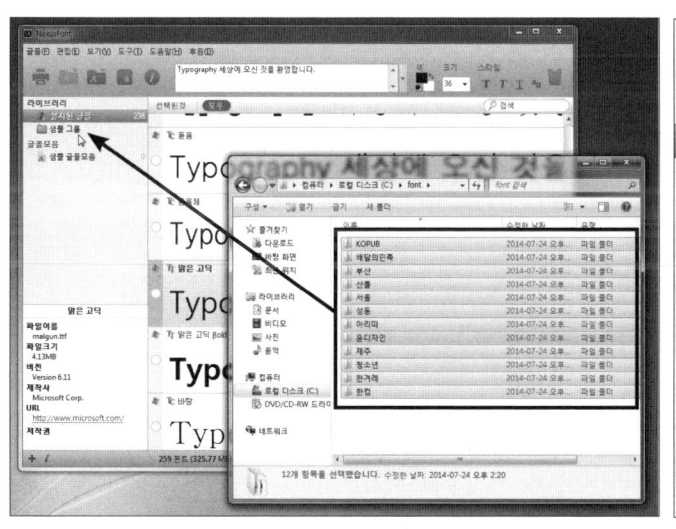

[NexusFont]의 [샘플 그룹] 항목으로 드래그하여

목록을 추가합니다. 추가된 목록을 클릭하면

해당 폴더에 포함되어 있는 글꼴들을 미리보기 할 수 있습니다.


만일 **폰트를 설치하고 싶다면 폰트 왼쪽의 라디오 버튼을**

**클릭해서 체크한 후 마우스 오른쪽 클릭하고**

**[설치] 버튼을 클릭**합니다.

[글꼴 설치] 대화 상자가 나타나면

**[파일은 현재 위치에 둔 채로 설치] 항목을 체크**하고

[설치] 버튼을 클릭합니다. 이렇게 설정하면 폰트가

[C:\windows\fonts] 폴더로 전송되지 않고

폰트를 이용할 수 있습니다.

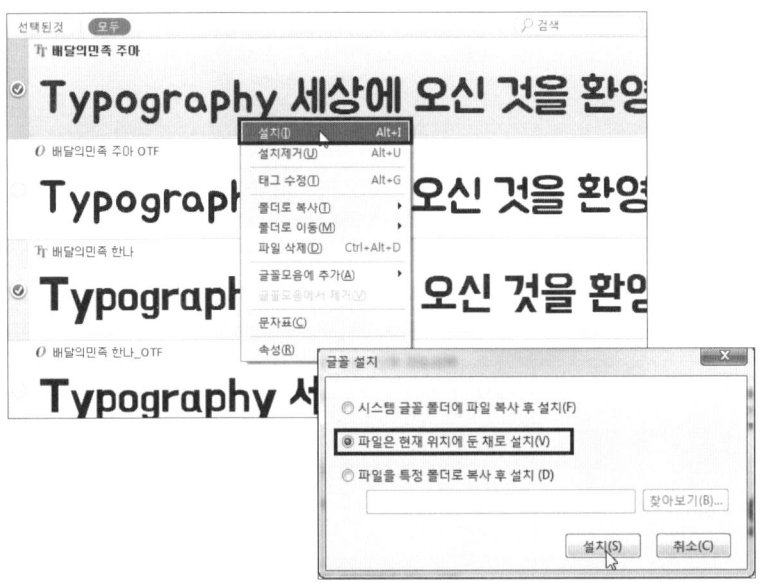

설치된 글꼴은 항목 앞에 윈도우 아이콘이 표시됩니다.

폰트 삭제도 손쉽게 실행할 수 있습니다.

폰트를 삭제하려면 삭제할 폰트를 **마우스 오른쪽 클릭한 다음**

**[설치 제거]를 클릭**합니다.

[글꼴 설치제거] 대화 상자가 나타나면

[파일은 그대로 둔 채 설치제거만 하기]를 선택하고

[설치제거] 버튼을 클릭하면

폰트 파일은 삭제되지 않고 윈도우 시스템에서만

폰트 목록에서 지워집니다.

이러한 방법을 이용하여

폰트를 손쉽게 관리할 수 있습니다.

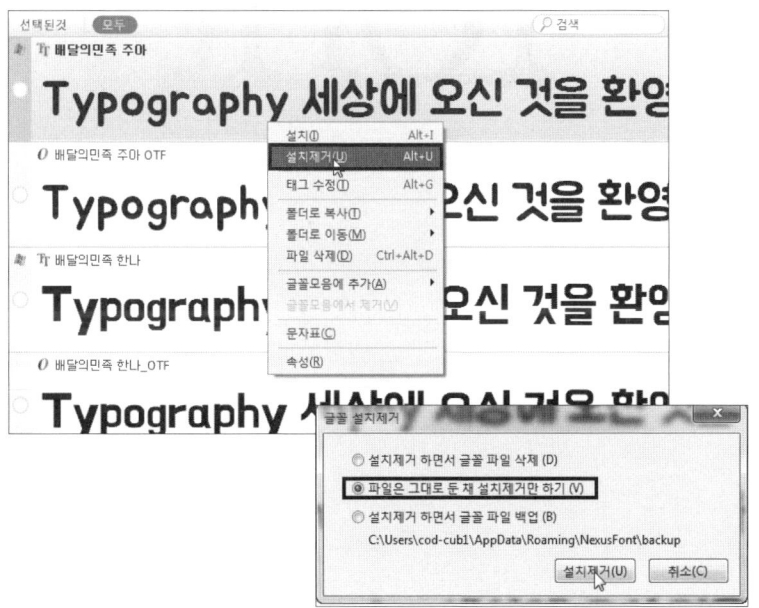

# Free

초보자를 위한 **무료 폰트** 활용 가이드

안창현 지음